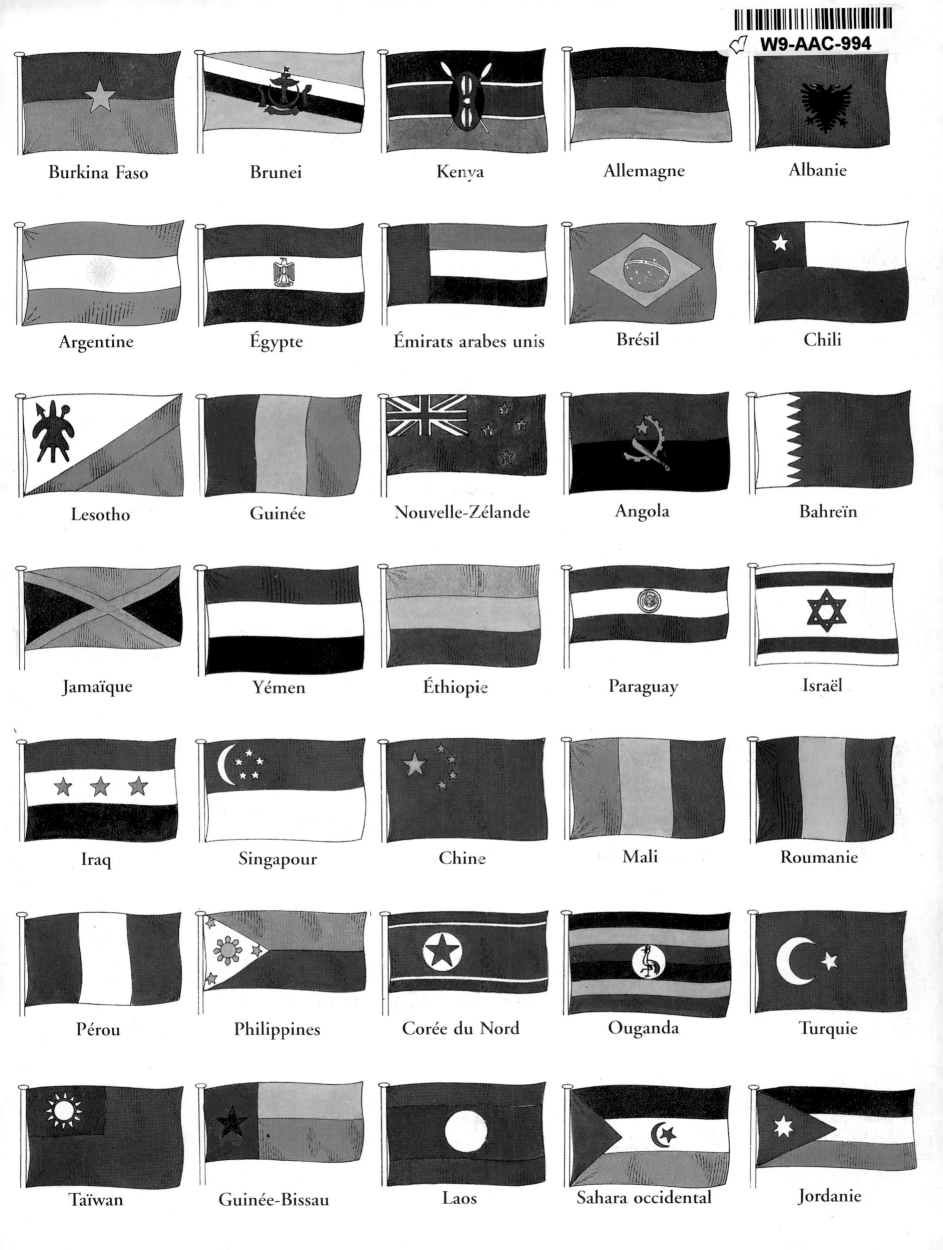

| | | | | |
|---|---|---|---|---|
| Burkina Faso | Brunei | Kenya | Allemagne | Albanie |
| Argentine | Égypte | Émirats arabes unis | Brésil | Chili |
| Lesotho | Guinée | Nouvelle-Zélande | Angola | Bahreïn |
| Jamaïque | Yémen | Éthiopie | Paraguay | Israël |
| Iraq | Singapour | Chine | Mali | Roumanie |
| Pérou | Philippines | Corée du Nord | Ouganda | Turquie |
| Taïwan | Guinée-Bissau | Laos | Sahara occidental | Jordanie |

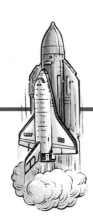

# Mon premier atlas

Texte de
**Bill Boyle**

Illustrations de
**Dave Hopkins**

Traduction et adaptation de
**Françoise Fauchet**

Les éditions Scholastic

## Note aux parents

*Mon premier atlas* a été spécialement conçu pour initier les jeunes enfants aux continents, aux pays et au langage des cartes. À l'aide des cartes illustrées et des photos en couleurs, ils apprendront à connaître les différentes régions du monde ainsi que leurs caractéristiques particulières. Pour chaque région, ils découvriront le type de climat, les principales cultures, la faune et la flore, l'emplacement des fleuves et des montagnes et la façon de vivre des habitants. La comparaison des différentes caractéristiques de chaque pays leur permettra d'acquérir une plus large vision du monde.

Chaque double page peut donner lieu à de nombreux sujets de discussion. Les questions ouvertes inciteront les enfants à parler et à se servir des cartes pour localiser les différents endroits dans le monde. Toutes les cartes comportent un itinéraire tracé en rouge. En suivant cet itinéraire imaginaire, les enfants découvriront les différentes curiosités qu'il est possible de voir et de visiter dans chaque partie du monde. Le carnet de route qui accompagne chaque carte et qui indique le temps nécessaire pour effectuer le trajet en avion ou en voiture leur donnera une notion des échelles et des distances.

L'introduction de cet ouvrage est destinée à enseigner aux enfants ce qu'est une carte et comment ou pourquoi nous les utilisons. Les cartes et les informations qu'elles contiennent sont un bon point de départ d'exploration. *Mon premier atlas* est un ouvrage idéal pour stimuler les enfants à vouloir en savoir plus sur notre merveilleuse planète.

**DK**

© Dorling Kindersley, Londres, 1994

**Données de catalogage avant publication (Canada)**
Boyle, Bill
Mon premier atlas
Traduction de: My first atlas.
Comprend un index.
ISBN 0-590-24520-1
1. Atlas pour enfants. 2. Atlas canadiens.
I. Hopkins. Dave. II. Titre.
G1021.B6914 1995 j912 C94-932740-9

© Dorling Kindersley, Londres, 1994. © Nathan, Paris, 1995, pour le texte français.
Exclusivité en Amérique du Nord :
Les éditions Scholastic, 123, Newkirk Road, Richmond Hill (Ontario) Canada L4C 3G5.

4 3 2 1    Imprimé en Italie    5 6 7/9

**Crédits photographiques :**
b = bas ;  c = centre ;  g = gauche ;
d = droite ;  h = haut

Bryan and Cherry Alexander 21 hg ; Christopher Branfield 35 hg ; couverture bd. Bruce Coleman/Dr Frieder Sauer 34 bg ; James Davis Travel Photography couverture hcg ; bg. Chris Fairclough Colour Library 29 cd ; dos de couverture cdb ; Greenpeace/Morgan 18 cd ; Robert Warding Picture Library 19 cdb ; 36 cb ; Bildagentur Schuster/Kummels 24 hd ; Bildagentur Schuster/Schmied 24 c ; Philip Craven 31 hg ; Adam Wolfitt 41 cdb ; The Image Bank/Harald Sund 11 bg ; Frank Lane Picture Agency/R. Thompson 14 bc ; Massey Fergusson 20 bc ; NASA 8 bg ; Science Photo Library/Tom Van Sant/Geosphère Project/ Santa Monica 8/9 hc ; Spectrum Colour Library couverture cd ; cg Zefa Picture Library 20 cg ; 26 cgb ; 37 c ; 39 cd ; F. Damm 22 cg ; Deckert 37 cd ; Freytag 27 cd ; Janicek 32 cg.

# Sommaire

# Notre monde

Nous vivons sur la planète Terre,
une énorme boule rocheuse qui flotte
dans l'espace. Elle tourne constamment,
mais nous ne la sentons pas bouger.

Vue du sol ou à faible altitude,
notre planète nous semble plate ;
en réalité, elle est ronde. Des photographies
prises de l'espace le montrent.

### Le système solaire

La Terre fait partie d'une famille de neuf planètes
qui tournent autour d'une étoile, le Soleil.
Cet ensemble de planètes forme le système solaire.
Peux-tu citer le nom des planètes les plus proches
de la Terre ? Quelle est celle qui est la plus
éloignée du Soleil ?

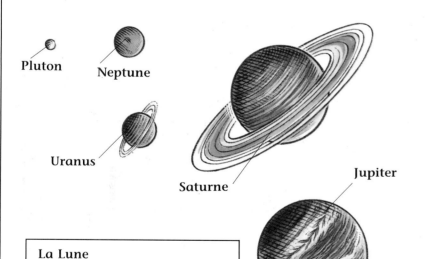

Pluton

Neptune

Uranus

Saturne

Jupiter

### Le Soleil

Le Soleil est un million
de fois plus gros que la Terre.
Cette gigantesque boule de feu
et de gaz brûlants émet de la lumière
et de la chaleur. Il faut une année
entière, ou 365 jours, à la Terre
pour faire le tour du Soleil.

la Lune    la Terre

Mars

Mercure

Vénus

le Soleil

### La Lune

La Terre possède son propre
satellite, la Lune. La Lune met
environ un mois pour effectuer
un tour complet autour de la
Terre. Toutes deux gravitent
autour du Soleil.

### La Terre dans l'espace

Sur cette photo prise par un satellite artificiel, tu peux voir que la majeure partie de notre planète est recouverte par la mer. Regarde bien les terres. Peux-tu dire où se trouvent les rivières, les lacs et les montagnes ?

**Les satellites artificiels**
Un satellite artificiel est une machine qui voyage dans l'espace pour recueillir des informations et les renvoyer vers la Terre.

### La Terre vue du ciel

La Terre est tellement grosse qu'il faut aller dans l'espace pour se rendre compte que nous vivons sur une sphère. D'aussi loin, on distingue seulement les terres et les mers.

### Les entrailles de la Terre

La surface de la Terre sur laquelle nous vivons s'appelle la croûte terrestre. Sur ce dessin, la partie découpée te permet de voir à quoi ressemble l'intérieur de notre planète.

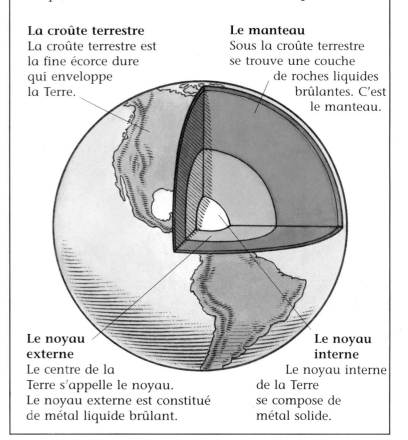

**La croûte terrestre**
La croûte terrestre est la fine écorce dure qui enveloppe la Terre.

**Le manteau**
Sous la croûte terrestre se trouve une couche de roches liquides brûlantes. C'est le manteau.

**Le noyau externe**
Le centre de la Terre s'appelle le noyau. Le noyau externe est constitué de métal liquide brûlant.

**Le noyau interne**
Le noyau interne de la Terre se compose de métal solide.

**Les villes**
D'un avion, on peut voir toute une ville d'un seul coup d'œil.

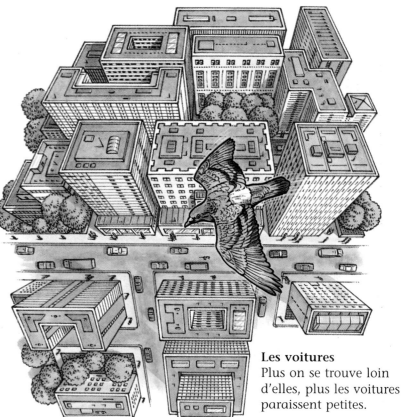

**Les voitures**
Plus on se trouve loin d'elles, plus les voitures paraissent petites.

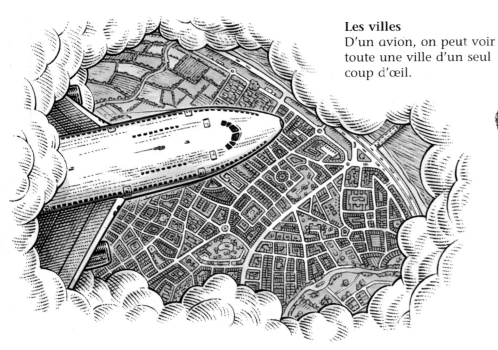

### Vue d'avion

As-tu déjà regardé par le hublot d'un avion ? Au sol, certaines choses sont tellement minuscules qu'il est impossible de les distinguer. Les champs, les villes, les routes et les rivières forment des dessins.

### Vue d'un immeuble

As-tu déjà regardé du haut d'une colline ou d'un grand immeuble ? À cette hauteur, tout paraît beaucoup plus petit. Même les grosses voitures qui circulent en bas, dans les rues, ressemblent à des jouets.

# Qu'est-ce qu'un atlas?

Un atlas est un recueil de cartes illustrant les différentes parties du monde. Il permet de voir la forme et la taille des étendues de terre et de mer, mais aussi de connaître leur nom. Sur la carte de cette double page, tu peux voir que les étendues de terre forment de vastes territoires appelés continents, tandis que la mer est divisée en océans.

## Le globe

La Terre tourne autour d'un axe invisible qui va du pôle Nord au pôle Sud. Le globe est une sphère sur laquelle est dessinée la carte du monde.

## L'Équateur

La Terre est séparée en deux par une ligne imaginaire appelée l'équateur. Elle passe exactement à mi-distance entre le pôle Nord et le pôle Sud. Près de l'équateur, il fait très chaud tout au long de l'année, mais plus on s'en éloigne, plus il fait froid.

Pôle Nord

Équateur

Pôle Sud

## La rose des vents

La plupart des cartes indiquent où se trouve le nord. C'est un point de repère.

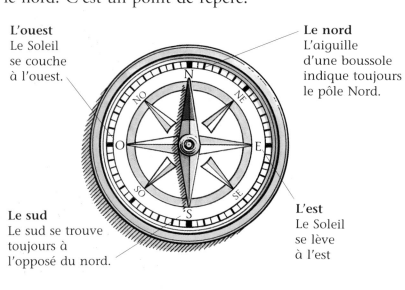

**L'ouest**
Le Soleil se couche à l'ouest.

**Le nord**
L'aiguille d'une boussole indique toujours le pôle Nord.

**Le sud**
Le sud se trouve toujours à l'opposé du nord.

**L'est**
Le Soleil se lève à l'est

## Le planisphère

C'est une carte plane qui représente notre monde en tenant compte de son aspect sphérique. Il permet de voir les sept continents à la fois. Sur quel continent habites-tu ?

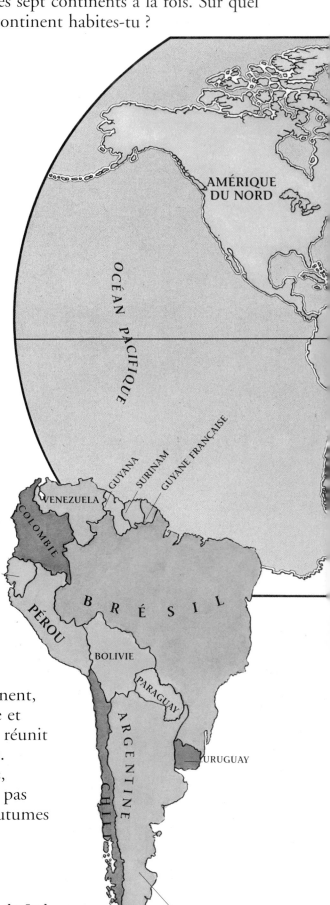

AMÉRIQUE DU NORD

OCÉAN PACIFIQUE

VENEZUELA

GUYANA

SURINAM

GUYANE FRANÇAISE

COLOMBIE

ÉQUATEUR

PÉROU

BRÉSIL

BOLIVIE

PARAGUAY

ARGENTINE

CHILI

URUGUAY

## Les pays

Chaque continent, sauf l'Océanie et l'Antarctique, réunit plusieurs pays. Dans ces pays, les gens n'ont pas les mêmes coutumes et parlent des langues différentes.

**L'Amérique du Sud**
Le continent de l'Amérique du Sud est composé de 13 pays.

**Les couleurs**
Pour bien les distinguer chaque pays porte une couleur différente.

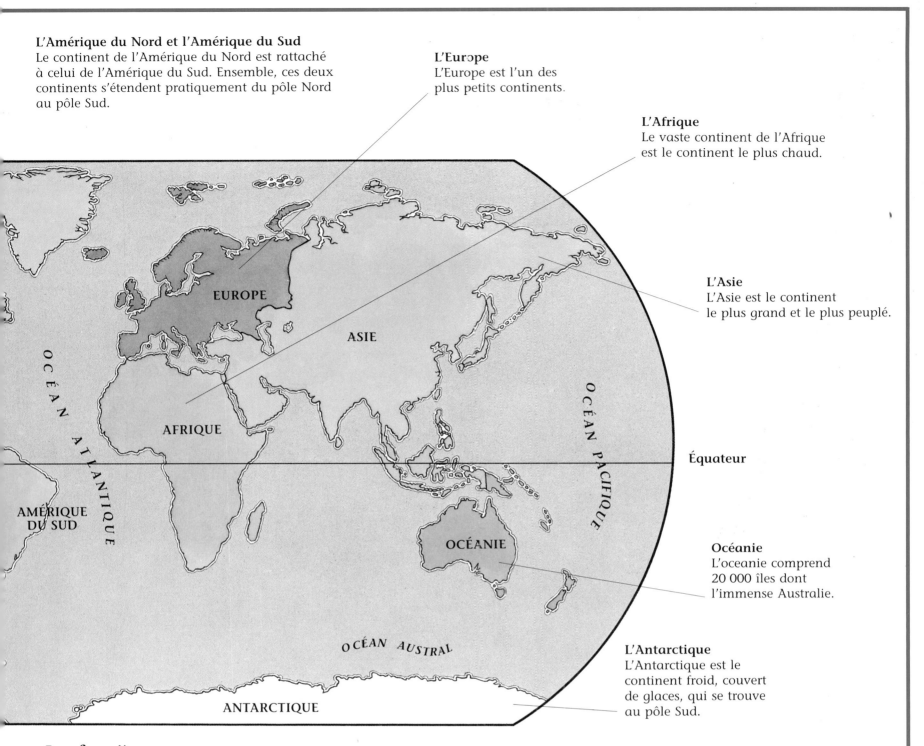

**L'Amérique du Nord et l'Amérique du Sud**
Le continent de l'Amérique du Nord est rattaché à celui de l'Amérique du Sud. Ensemble, ces deux continents s'étendent pratiquement du pôle Nord au pôle Sud.

**L'Europe**
L'Europe est l'un des plus petits continents.

**L'Afrique**
Le vaste continent de l'Afrique est le continent le plus chaud.

**L'Asie**
L'Asie est le continent le plus grand et le plus peuplé.

**Océanie**
L'oceanie comprend 20 000 îles dont l'immense Australie.

**L'Antarctique**
L'Antarctique est le continent froid, couvert de glaces, qui se trouve au pôle Sud.

EUROPE

ASIE

AFRIQUE

OCÉAN ATLANTIQUE

AMÉRIQUE DU SUD

OCÉAN PACIFIQUE

Équateur

OCÉANIE

OCÉAN AUSTRAL

ANTARCTIQUE

## Les frontières

La ligne des frontières marque la limite entre deux pays. Certains sont séparés par une frontière naturelle, comme un fleuve, un lac ou une chaîne de montagnes.

**Une frontière naturelle**
Cette photo montre la chaîne de l'Himalaya qui sépare la Chine et l'Inde.

## L'échelle

Le planisphère est une illustration en réduction de notre monde immense. Les pays sont représentés dans des proportions exactes les uns par rapport aux autres. L'échelle indiquée sur la carte te permet de calculer les distances réelles.

**Le tour du monde en avion**
Si tu faisais le tour du monde en avion sans t'arrêter, il te faudrait plus de deux jours, en volant à une vitesse de 800 km à l'heure (800 km/h).

**Le tour du monde en voiture**
Si tu pouvais faire le tour du monde en voiture sans t'arrêter, il te faudrait environ trois semaines, en conduisant à une vitesse de 80 km/h.

# Le planisphère

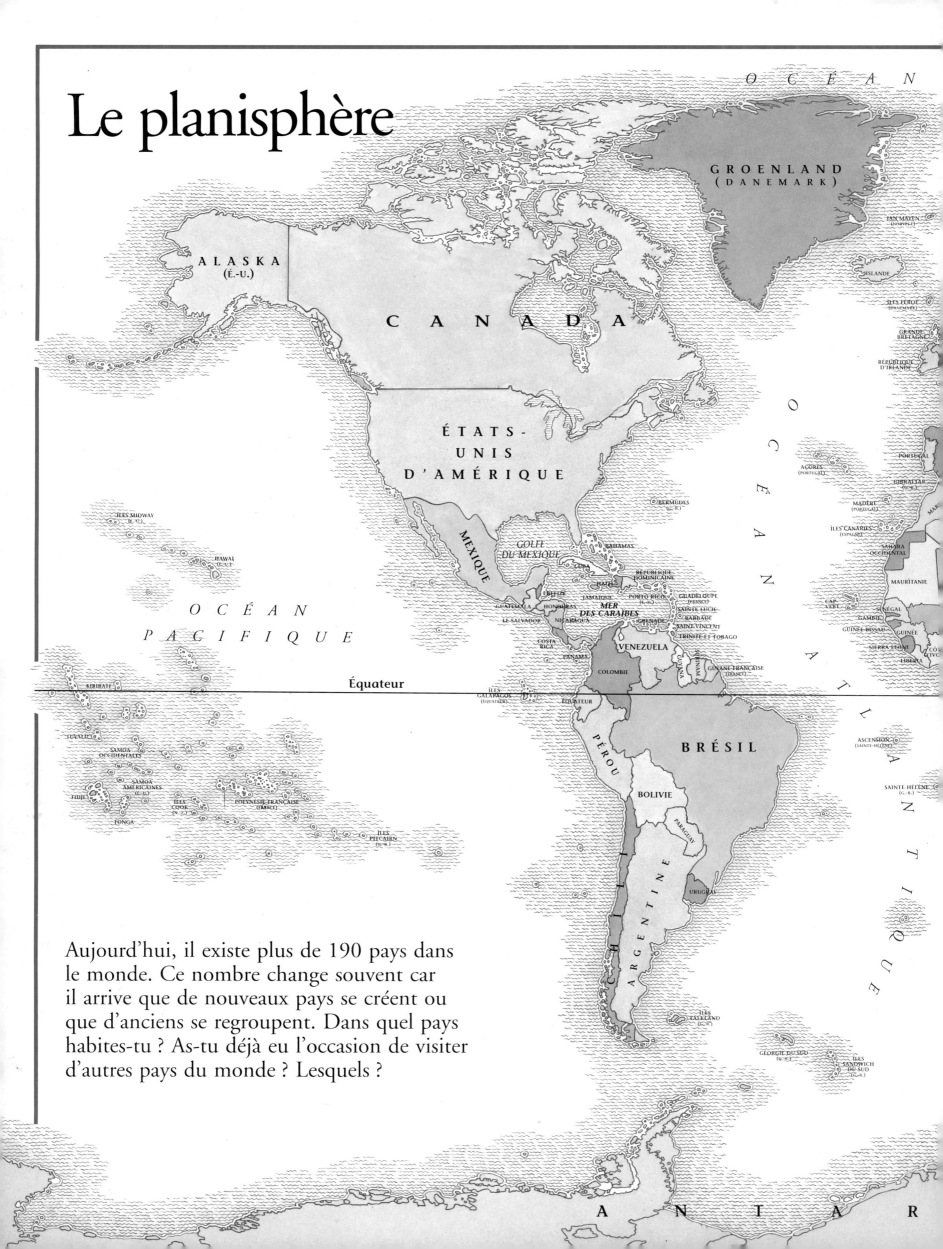

Aujourd'hui, il existe plus de 190 pays dans le monde. Ce nombre change souvent car il arrive que de nouveaux pays se créent ou que d'anciens se regroupent. Dans quel pays habites-tu ? As-tu déjà eu l'occasion de visiter d'autres pays du monde ? Lesquels ?

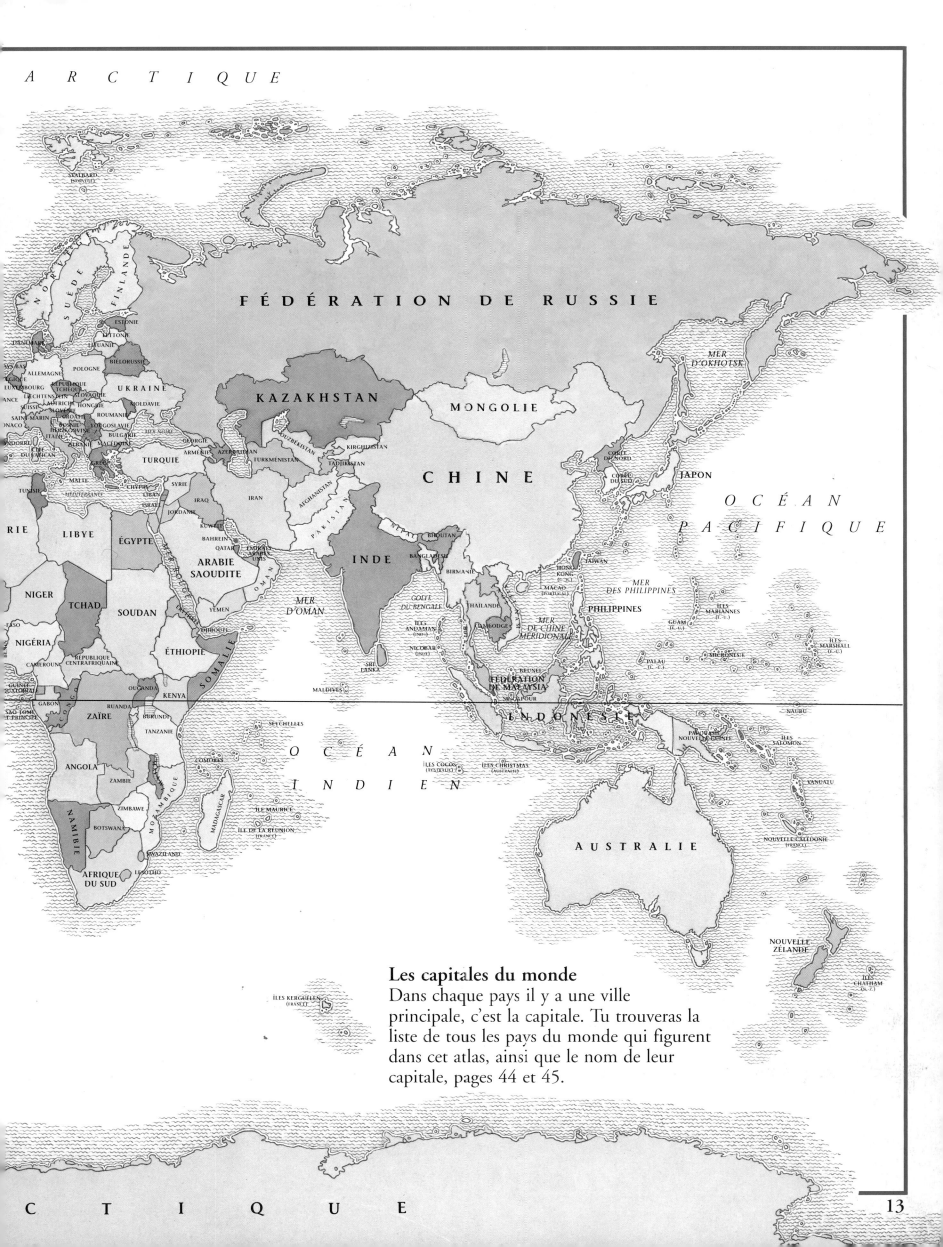

## Les capitales du monde

Dans chaque pays il y a une ville principale, c'est la capitale. Tu trouveras la liste de tous les pays du monde qui figurent dans cet atlas, ainsi que le nom de leur capitale, pages 44 et 45.

# Cartes et plans

T'es-tu déjà aidé d'une carte ou d'un plan pour trouver ton chemin ? En général, les cartes et les plans sont des dessins qui reproduisent à plat un secteur ou un endroit précis. Ils permettent de s'orienter de repérer un pays, une ville, une route, un monument... Il en existe de nombreuses sortes pour nous aider à nous déplacer.

### Dessiner une carte

Tu comprendras mieux le principe des cartes et des plans en dessinant ta propre carte. Celle qui figure sur cette page illustre le trajet que doit suivre Pierre pour se rendre à l'école. Essaie de reproduire le trajet que tu parcours lorsque tu vas à l'école ou faire des courses. Pour t'aider, imagine que tu es un oiseau qui vole au-dessus de ton quartier. Pense aux choses que tu rencontres en chemin, puis dessine-les sur ta carte.

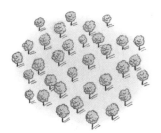

### Tracer un itinéraire

À l'aide d'un crayon de couleur, trace une ligne allant de chez toi jusqu'à ton point d'arrivée. Cette ligne représente le chemin que tu empruntes. Peux-tu dire ce que voit Pierre en allant à l'école ?

### La légende

Sur les cartes, la réalité est représentée par des symboles. Chacun d'eux est reproduit et expliqué dans une liste figurant dans un coin de la carte ; c'est la légende.

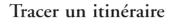

**Symbole de l'arbre**
Sur la carte illustrée de Pierre, le symbole de l'arbre représente les endroits où sont plantés de nombreux arbres.

**Point de départ**
Trace la ligne de ton itinéraire à partir de l'endroit où commence ton trajet.

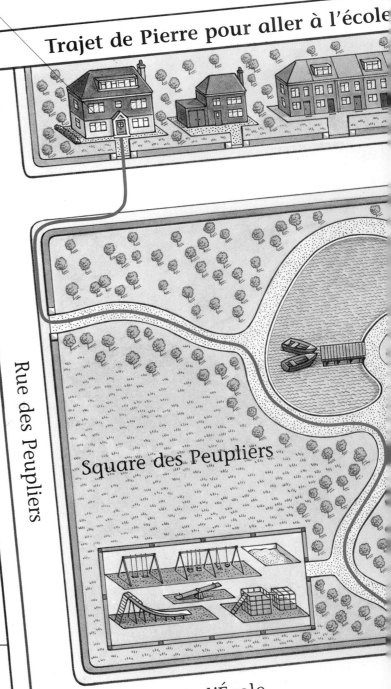

**Trajet de Pierre pour aller à l'école**

Rue des Peupliers

Square des Peupliers

Rue de l'École

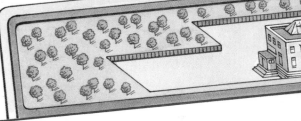

### Légende

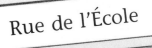

route

magasin

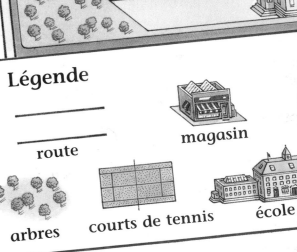

arbres    courts de tennis    école

## Ce que tu vois

Dessine tout ce que tu rencontres en chemin, comme les immeubles ou les magasins. Tu pourras ensuite mettre ces symboles dans ta légende.

Rue du Square

Grande Rue

## Les noms des rues

Inscris les noms des rues figurant sur ta carte.

## Les couleurs

Tu peux utiliser plusieurs couleurs pour mieux différencier les éléments représentés sur ta carte.

## Point d'arrivée

Pour indiquer l'endroit où se termine ton trajet, dessine une flèche au bout de la ligne qui représente ton itinéraire.

## La légende

Dessine une légende pour expliquer tous les symboles que tu as utilisés sur ta carte.

assin

immeuble

maison

aire de jeux

pelouse

chemin

## Types de cartes et de plans

Regarde ces différents types de cartes et de plans. Qui peut avoir besoin de s'en servir ? Connais-tu d'autres types de cartes ou de plans ?

### Plan d'une ville

Le plan d'une ville indique le nom de toutes les rues ainsi que les bâtiments importants, comme la mairie ou la gare.

Souvent, les plans des villes sont imprimés sur de grandes feuilles que l'on déplie.

### Carte des voies aériennes

Ce planisphère présente les principales voies aériennes empruntées par les avions pour relier les aéroports du monde entier.

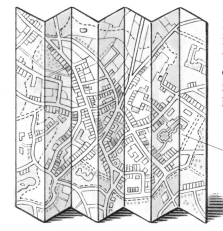

### Plan de métro

Sur un plan de métro, tu peux voir toutes les stations et les lignes de métro qui se croisent sous une grande ville.

Les plans de métro sont souvent imprimés sur de petites cartes que l'on peut glisser dans sa poche.

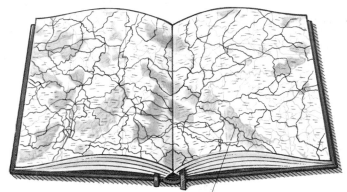

### Carte routière

Une carte routière indique toutes les routes qui relient une ville à une autre et parcourent la campagne environnante.

Parfois, les cartes routières sont réunies dans un livre appelé atlas routier.

# Comment utiliser cet atlas

Chacune des cartes de ce livre présente une région différente de notre planète. Les illustrations t'aideront à mieux découvrir chaque continent, son climat et son relief, mais aussi ses habitants, ses animaux et ses plantes.

## Les informations fournies sur les cartes

Cette carte de l'Asie occidentale et méridionale est un exemple des cartes que tu trouveras dans ce livre. Lis bien les notes qui figurent sur cette page afin de comprendre les informations qui te seront données par les illustrations de chaque carte.

### Le globe
Sur toutes les cartes, tu retrouveras un globe. La zone colorée en rouge t'indique où se situent les pays représentés sur la carte.

### Les ressources naturelles
À l'aide des dessins qui figurent sur la carte, tu connaîtras les ressources naturelles, comme le pétrole, que l'on peut trouver dans chaque région.

## Le climat et le relief

Le climat, ou le temps qu'il fait habituellement dans une partie du monde, influence l'apparence du relief (le sol) ainsi que les gens, les animaux et les plantes qui vivent là. La légende ci-dessous te présente les différents types de climat et de relief que tu rencontreras sur les cartes de ce livre.

### La rose des vents
L'aiguille de la boussole qui figure sur chaque carte est toujours pointée en direction du pôle Nord. Elle te permet de savoir où se trouvent le nord, le sud, l'est et l'ouest.

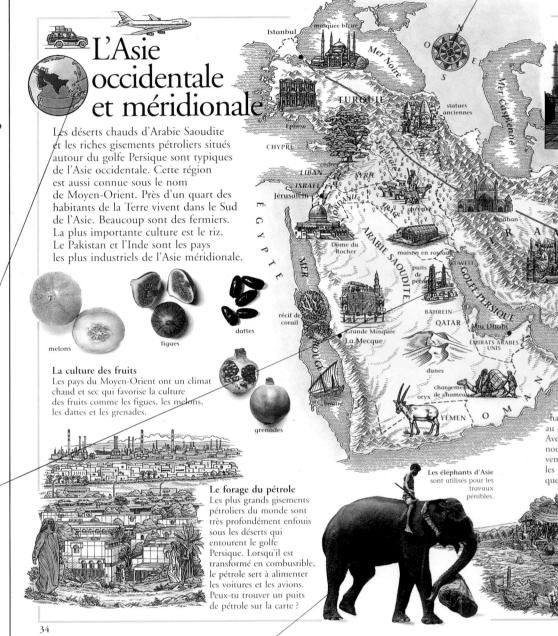

## L'Asie occidentale et méridionale

Les déserts chauds d'Arabie Saoudite et les riches gisements pétroliers situés autour du golfe Persique sont typiques de l'Asie occidentale. Cette région est aussi connue sous le nom de Moyen-Orient. Près d'un quart des habitants de la Terre vivent dans le Sud de l'Asie. Beaucoup sont des fermiers. La plus importante culture est le riz. Le Pakistan et l'Inde sont les pays les plus industriels de l'Asie méridionale.

melons    figues    dattes

### La culture des fruits
Les pays du Moyen-Orient ont un climat chaud et sec qui favorise la culture des fruits comme les figues, les melons, les dattes et les grenades.

grenades

### Le forage du pétrole
Les plus grands gisements pétroliers du monde sont très profondément enfouis sous les déserts qui entourent le golfe Persique. Lorsqu'il est transformé en combustible, le pétrole sert à alimenter les voitures et les avions. Peux-tu trouver un puits de pétrole sur la carte ?

Les éléphants d'Asie sont utilisés pour les travaux pénibles.

34

**Les photos en couleurs** te montrent des détails sur les gens, l'architecture, les plantes et les animaux qui sont particuliers à la région représentée.

### La prairie
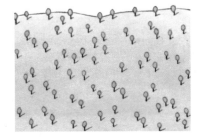
Les prairies sont des régions plates couvertes d'herbe et de petits buissons. Elles abritent de nombreux animaux différents.

### La forêt vierge

Dans les forêts vierges, il fait chaud et humide. Elles poussent dans les pays très chauds situés près de l'équateur, où il pleut beaucoup.

### La forêt de conifères

Les forêts de conifères poussent souvent dans les régions froides. Les conifères ont des feuilles persistantes qu'ils gardent toute l'année.

### La forêt de feuillus
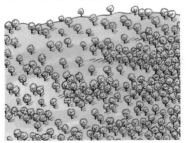
On trouve les forêts de feuillus dans les régions tempérées. Beaucoup de ces arbres perdent leurs feuilles à l'automne.

# Le carnet de route

Sur chaque carte, tu verras une ligne rouge qui représente un itinéraire reliant deux villes. Le carnet de route te dira combien de temps il faut pour effectuer le trajet. En comparant la durée des différents trajets, tu pourras savoir quels continents sont plus grands que les autres.

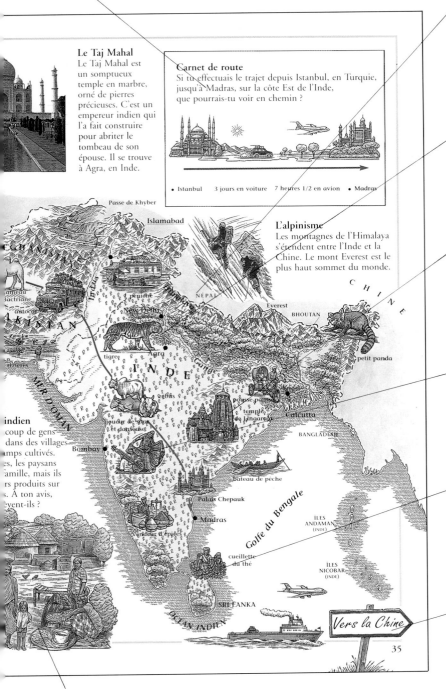

### Le Taj Mahal
Le Taj Mahal est un somptueux temple en marbre, orné de pierres précieuses. C'est un empereur indien qui l'a fait construire pour abriter le tombeau de son épouse. Il se trouve à Agra, en Inde.

**Carnet de route**
Si tu effectuais le trajet depuis Istanbul, en Turquie, jusqu'à Madras, sur la côte Est de l'Inde, que pourrais-tu voir en chemin ?

• Istanbul    3 jours en voiture    7 heures 1/2 en avion    • Madras

### L'alpinisme
Les montagnes de l'Himalaya s'étendent entre l'Inde et la Chine. Le mont Everest est le plus haut sommet du monde.

### Les pays limitrophes
Les zones colorées en jaune pâle ne font pas partie de la carte. Tu découvriras ces pays sur une autre page.

### Les animaux et les plantes
Des dessins t'indiquent les plantes et les animaux sauvages qui vivent dans chaque région.

### L'architecture
Des dessins représentent les maisons typiques et les monuments célèbres de chaque région.

### Les habitants
Des dessins représentent les coutumes et les traditions des habitants de chaque région.

### Les cultures et l'élevage
Certains dessins représentent les cultures et les animaux que l'on élève dans chaque région.

### L'étape suivante
Le panneau situé en bas de chaque carte t'indique le nom du pays que tu trouveras sur la page suivante.

### Des scènes de la vie quotidienne
te permettront d'en apprendre davantage sur la façon dont les gens vivent et travaillent dans l'une des régions représentées sur la carte.

### La neige et la glace
Dans certains pays, le sol est recouvert de neige et de glace tout au long de l'année. Si la glace fond en été, les mousses et les lichens peuvent pousser.

### Le désert
Les déserts sont des zones très chaudes ou très froides où l'on trouve très peu d'eau. Peu d'animaux et de plantes peuvent y survivre.

### Les montagnes
Ce sont des régions élevées au sol rocheux. Leurs sommets sont parfois recouverts de neige et il y fait souvent très froid.

---

## La légende
Elle t'indique les symboles utilisés sur chaque carte et t'explique leur signification.

| | |
|---|---|
| **INDE** | Le nom d'un pays |
|  | La frontière entre deux pays |
|  | La frontière entre deux États ou provinces |
| **Bombay** ● | Une ville |
| <u>New Delhi</u> ● | Une capitale |
|  Lac Victoria | Un lac |
|  Congo | Un fleuve |
|  MER D'OMAN | Les mers et les océans |
|  | Les caractéristiques naturelles **volcan du Kamchatka** |
|  | Les animaux et les plantes **chameau de Bactriane** |
|  | Les endroits célèbres **Le Dôme du Rocher** |
| | Ce que font les gens **rizières** |

# L'Antarctique

L'Antarctique est le continent le plus froid de la Terre.

Cette région recouverte de glace et de neige entoure le pôle Sud. Seuls de minuscules insectes peuvent survivre sur cette étendue gelée. Durant les mois d'été, la glace fond sur les bords. Des manchots ainsi que d'autres animaux vivent là et sur les îles avoisinantes.

## Carnet de route

Si tu effectuais le trajet entre la station Halley et Dumont d'Urville, tu ne verrais que de la glace et de la neige.

- Station de Halley
- 2 jours en voiture
- 5 heures en avion
- Dumont d'Urville

## Les stations de recherche

Les seules personnes qui vivent en Antarctique sont des scientifiques. Ils habitent dans des stations de recherche et se déplacent sur des luges à moteur, les motoneiges. Peux-tu trouver une station sur la carte ?

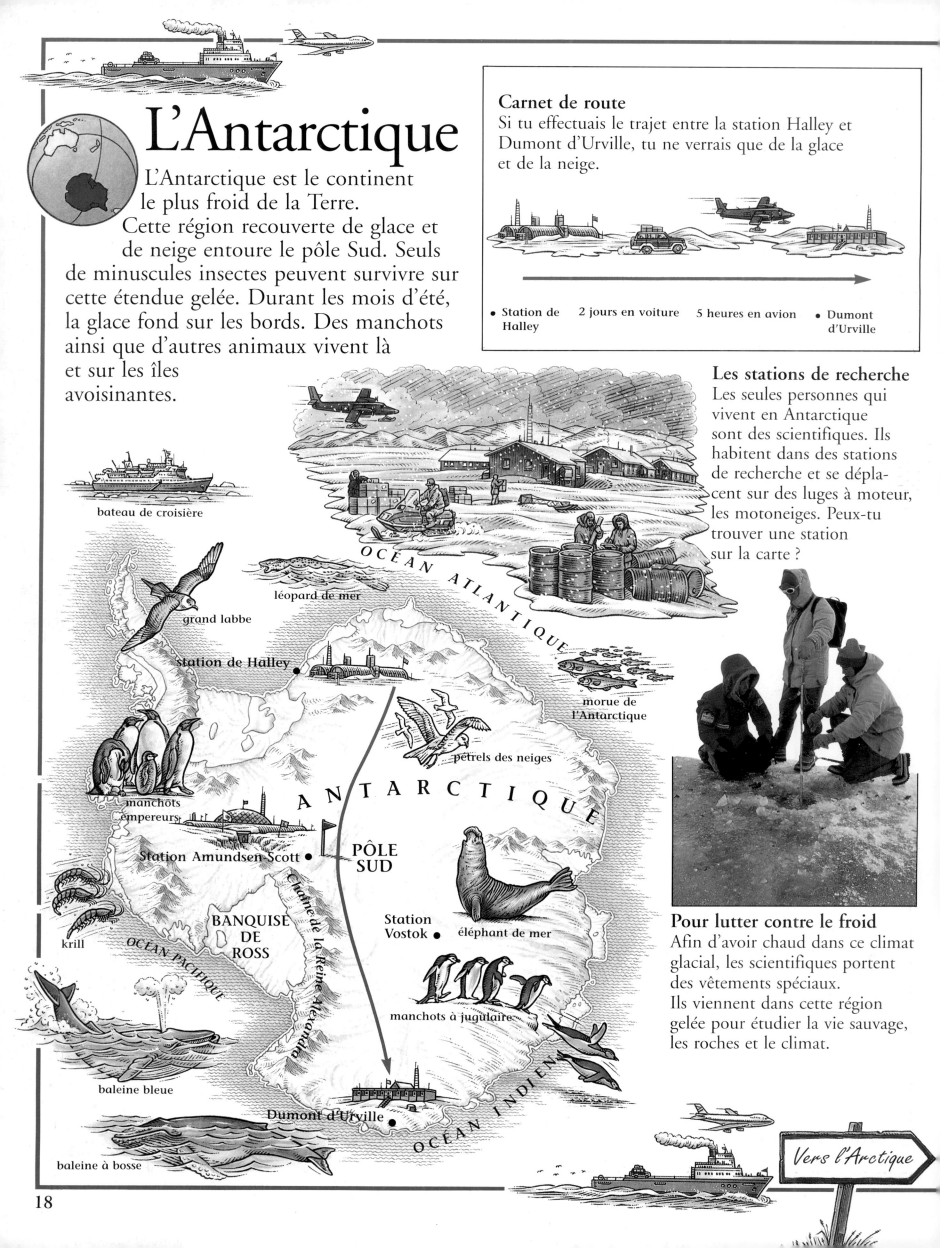

bateau de croisière

grand labbe

léopard de mer

station de Halley

OCÉAN ATLANTIQUE

morue de l'Antarctique

pétrels des neiges

manchots empereurs

ANTARCTIQUE

Station Amundsen-Scott

PÔLE SUD

Chaîne de la Reine Alexandra

BANQUISE DE ROSS

Station Vostok

éléphant de mer

krill

OCÉAN PACIFIQUE

baleine bleue

manchots à jugulaire

Dumont d'Urville

OCÉAN INDIEN

baleine à bosse

## Pour lutter contre le froid

Afin d'avoir chaud dans ce climat glacial, les scientifiques portent des vêtements spéciaux.
Ils viennent dans cette région gelée pour étudier la vie sauvage, les roches et le climat.

*Vers l'Arctique*

# L'Arctique

La région la plus au nord de la Terre est le pôle Nord. La mer gelée et les îles qui l'entourent s'appellent l'Arctique. Il y fait si froid que l'océan Arctique reste recouvert par la glace pendant la plus grande partie de l'année. L'Arctique abrite de nombreuses espèces d'animaux et de plantes.

**L'ours blanc**
L'ours polaire a un épais manteau de fourrure blanche qui lui tient chaud.

**Le Groenland** est la plus grande de toutes les îles du monde. Nuuk en est la capitale. La principale industrie de cette région est la pêche à la morue et aux crevettes.

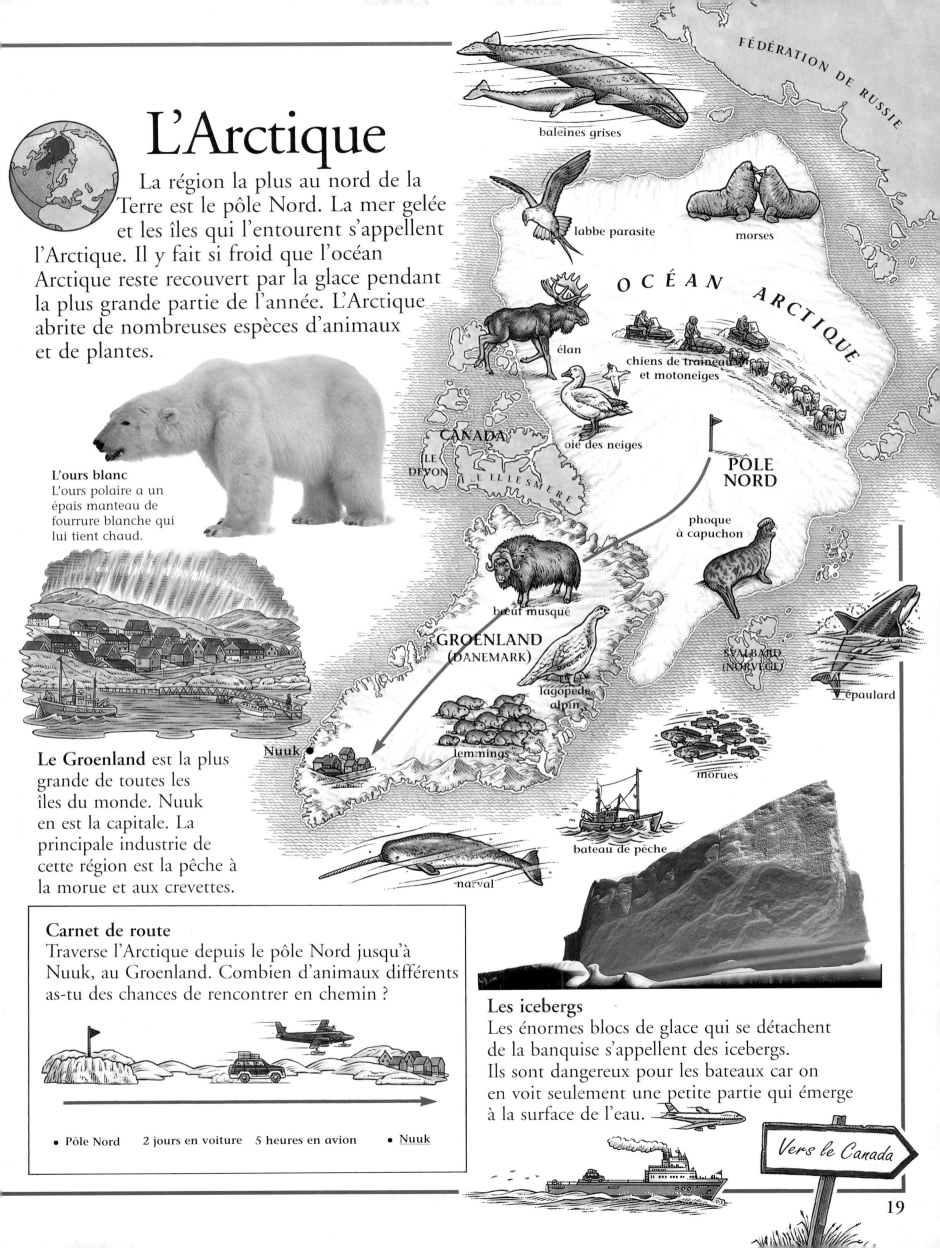

FÉDÉRATION DE RUSSIE

baleines grises

labbe parasite

morses

OCÉAN ARCTIQUE

élan

chiens de traîneau et motoneiges

oie des neiges

CANADA
ÎLE DEVON
ÎLE ELLESMERE

PÔLE NORD

phoque à capuchon

bœuf musqué

GROENLAND (DANEMARK)

lagopède alpin

épaulard

SVALBARD (NORVÈGE)

Nuuk

lemmings

morues

bateau de pêche

narval

## Carnet de route
Traverse l'Arctique depuis le pôle Nord jusqu'à Nuuk, au Groenland. Combien d'animaux différents as-tu des chances de rencontrer en chemin ?

• Pôle Nord    2 jours en voiture    5 heures en avion    • Nuuk

## Les icebergs
Les énormes blocs de glace qui se détachent de la banquise s'appellent des icebergs. Ils sont dangereux pour les bateaux car on en voit seulement une petite partie qui émerge à la surface de l'eau.

Vers le Canada

# Le Canada et l'Alaska

Le Canada et l'Alaska couvrent la moitié nord de l'Amérique du Nord. Le Canada est le deuxième plus grand pays du monde. Toutefois, il compte peu d'habitants car le nord du pays est en grande partie recouvert de forêts et de lacs et le sol y est gelé durant presque toute l'année. L'Alaska, qui s'étend au nord-ouest du Canada, est le plus grand État des États-Unis d'Amérique. On y a découvert de vastes gisements de pétrole.

**La coupe des arbres**
Beaucoup de pins qui poussent au Canada sont abattus, puis sciés en rondins. Ces rondins, qui fournissent du bois de construction, sont ensuite utilisés pour bâtir des maisons et fabriquer des meubles.

ours polaire

lièvre arctique

ÎLE DE BANKS

bœuf musqué

ÎLE VICTOR

renard polaire

*Yukon*

ALASKA (É.-U.)

grizzli

Mont McKinley

TERRITOIRE DU YUKON

Yellowknif

bois de construction

morses

MER DE BÉRING

OCÉAN

Mackenzie

Montagnes Rocheuses

**Le brise-glace**
Ce puissant bateau est utilisé pour briser les épais blocs de glace qui forment l'océan Glacial Arctique. Peux-tu retrouver cet océan sur la carte ?

pétrolier

saumon

orignal

COLOMBIE BRITANNIQUE

C A

ALBERT

**La culture du blé**
Au Canada, le blé est cultivé sur de vastes étendues de terrain plat appelées prairies. Le blé sert à fabriquer de la farine pour le pain. Vois-tu des champs de blé sur la carte ?

**La moissonneuse-batteuse**
Cette énorme machine sert à couper et à récolter le blé.

Fraser

OCÉAN PACIFIQUE

Vancouver

ÉTATS

**Les premiers Canadiens**
Les premiers habitants du nord du Canada étaient les Inuits. Ce village inuit se trouve sur la Terre de Baffin.

**Carnet de route**
Le Canada est divisé en dix provinces et deux territoires, situés au nord. Si tu suivais l'itinéraire qui va de Vancouver à Ottawa, combien de provinces traverserais-tu ?

• Vancouver    2 jours 1/4 en voiture    5 heures 1/2 en avion    • Ottawa

**L'observation des baleines**
Le long de la côte de Terre-Neuve, les gens viennent observer les baleines à bosse qui jouent dans la mer. Durant les mois froids d'hiver, elles nagent vers le sud où les eaux sont plus chaudes. Quels autres animaux vivent le long des côtes du Canada ?

ARCTIQUE

ÎLE ELLESMERE

ÎLES DE LA REINE ÉLIZABETH

Mer de Baffin

OENLAND (DANEMARK)

phoque à ruban

TERRE DE BAFFIN

chasseurs inuits

phoque à capuchon

TERRITOIRES DU NORD-OUEST

caribous

bernache du Canada

TERRE-NEUVE

bélugas

ours noir d'Amérique

fou de Bassan

QUÉBEC

Baie d'Hudson

ÎLE DU PRINCE ÉDOUARD

marsouins

C A N A D A

MANITOBA

NOUVEAU BRUNSWICK

NOUVELLE-ÉCOSSE

OCÉAN ATLANTIQUE

hockey sur glace

castor

érables

SASKATCHEWAN

Lac Winnipeg

ONTARIO

Parlement

Ottawa

champs de blé

• Winnipeg

Lac Ontario

Toronto

Lac Supérieur

Lac Michigan

Lac Huron

Chutes du Niagara

Vers les États-Unis

ÉTATS-UNIS D'AMÉRIQUE

Lac Érié

# Les États-Unis d'Amérique

Les États-Unis d'Amérique (É.-U.) constituent l'un des plus grands pays du monde. On y trouve des déserts, des montagnes, des forêts et une vaste zone de terrain plat que l'on appelle les Grandes Plaines. Ce pays, qui fait partie de l'Amérique du Nord, réunit cinquante États, chacun possédant sa propre capitale. L'Alaska, représenté à la page 20, se situe au nord-ouest du Canada.

**La ville de San Francisco** se trouve sur la côte Ouest des États-Unis. Elle est bâtie sur plusieurs collines et ses habitants se déplacent à l'aide des tramways qui grimpent le long de ses rues escarpées. Certains bâtiments sont spécialement conçus pour résister aux tremblements de terre qui se produisent dans la région.

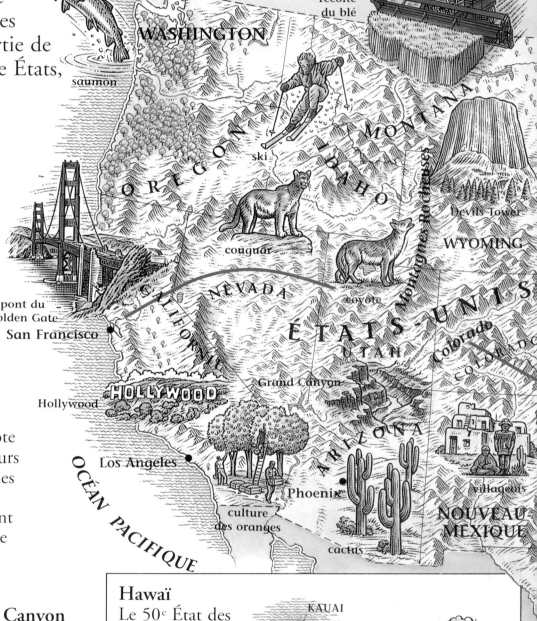

CANADA

récolte du blé

WASHINGTON

saumon

OREGON

MONTANA

IDAHO

ski

couguar

Devils Tower

WYOMING

CALIFORNIE

NEVADA

coyote

ÉTATS-UNIS

UTAH

Colorado

COLORADO

pont du Golden Gate
San Francisco

Grand Canyon

HOLLYWOOD

Hollywood

Los Angeles

ARIZONA

villageois

NOUVEAU MEXIQUE

Phoenix

OCÉAN PACIFIQUE

culture des oranges

cactus

**Le Grand Canyon** est une profonde vallée de l'Arizona. Il a été creusé à travers les Montagnes Rocheuses par le fleuve Colorado. Peux-tu trouver le Grand Canyon sur la carte ?

### Hawaï
Le 50ᵉ État des États-Unis d'Amérique est un groupe d'îles du Pacifique qui s'appelle Hawaï. Les touristes s'y rendent pour faire du surf sur l'océan et pour voir les volcans.

KAUAI

MOLOKAI

OAHU

MAUI

HAWAI

surfeur

le volcan Kilauea

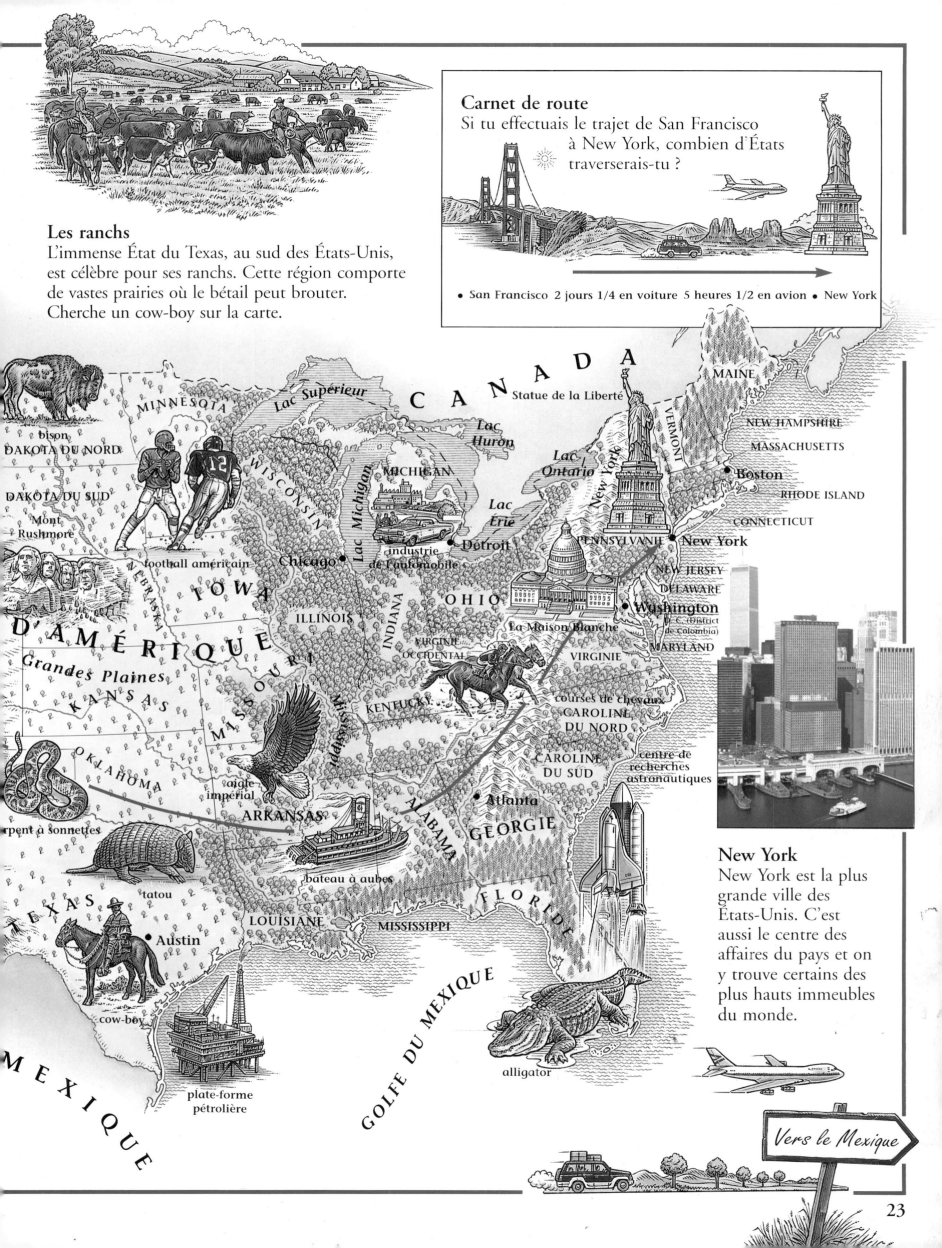

## Les ranchs

L'immense État du Texas, au sud des États-Unis, est célèbre pour ses ranchs. Cette région comporte de vastes prairies où le bétail peut brouter. Cherche un cow-boy sur la carte.

## Carnet de route

Si tu effectuais le trajet de San Francisco à New York, combien d'États traverserais-tu ?

• San Francisco  2 jours 1/4 en voiture  5 heures 1/2 en avion • New York

bison
DAKOTA DU NORD

DAKOTA DU SUD

Mont Rushmore

MINNESOTA

WISCONSIN

Lac Supérieur

CANADA

Statue de la Liberté

MAINE

NEW HAMPSHIRE

MASSACHUSETTS

Lac Huron

Lac Ontario

MICHIGAN

Lac Érie

Boston

RHODE ISLAND

CONNECTICUT

football américain

Chicago

Lac Michigan

industrie de l'automobile

Détroit

New York

New York

NEBRASKA

IOWA

ILLINOIS

INDIANA

OHIO

PENNSYLVANIE

NEW JERSEY

DELAWARE

D'AMÉRIQUE

Grandes Plaines

KANSAS

MISSOURI

VIRGINIE OCCIDENTALE

KENTUCKY

La Maison Blanche

Washington
(District de Colombia)

MARYLAND

VIRGINIE

courses de chevaux

centre de recherches astronautiques

serpent à sonnettes

OKLAHOMA

aigle impérial

ARKANSAS

Mississippi

CAROLINE DU NORD

CAROLINE DU SUD

tatou

bateau à aubes

ALABAMA

Atlanta

GEORGIE

TEXAS

cow-boy

Austin

LOUISIANE

MISSISSIPPI

FLORIDE

plate-forme pétrolière

alligator

MEXIQUE

GOLFE DU MEXIQUE

## New York

New York est la plus grande ville des États-Unis. C'est aussi le centre des affaires du pays et on y trouve certains des plus hauts immeubles du monde.

Vers le Mexique ⟩

# L'Amérique centrale et l'Amérique du Sud

L'Amérique centrale est une étroite bande de terre qui relie l'Amérique du Nord et l'Amérique du Sud. Au Panama, il existe un canal qui permet aux bateaux de naviguer de l'océan Atlantique à l'océan Pacifique. Une grande partie de l'Amérique du Sud est recouverte par la forêt vierge, par les montagnes ou par des prairies appelées pampas. Les fermiers gagnent leur vie en cultivant des bananes, de la cane à sucre et du café. La plus longue chaîne de montagnes du monde, la cordillère des Andes, s'étire le long de la côte Ouest du continent sud-américain.

## Les Antilles

Dans la mer des Caraïbes, il existe des centaines d'îles plus ou moins grandes. Ce sont les Antilles. La mer est généralement calme, mais les îles sont parfois balayées par des cyclones.

BAHAMAS

CUBA

ÎLES CAÏMANES (G.-B.)

JAMAÏQUE

HAÏTI

RÉPUBLIQUE DOMINICAINE

PORTO RICO (É.-U.)

GUADELOUPE (FRANCE)

SAINTE-LUCIE

BARBADE

GRENADE

TRINITÉ ET TOBAGO

cocotiers

bateau de croisière

récif de corail

MER DES CARAÏBES

Les plages de **Grenade** sont magnifiques.

## Buenos Aires

La capitale de l'Argentine est Buenos Aires. C'est l'une des plus grandes villes de l'Amérique du Sud et un port très important. À ton avis, quelles marchandises les bateaux transportent-ils lorsqu'ils quittent Buenos Aires ?

## Le football

Le football est le sport préféré des habitants de l'Amérique du Sud. On y joue partout, même sur les plages et dans les rues.

cascade du Saut de l'Ange

N
E
S
O

ÉTATS-UNIS D'AMÉRIQUE

figue de Barbarie

MEXIQUE

Mexico

monstre de Gila

GOLFE DU MEXIQUE

Chichén Itzá

cactus avocat

BELIZE

GUATEMALA

HONDURAS

EL-SALVADOR

NICARAGUA

COSTA RICA

toucan

Canal de Panama

tortue verte

OCÉAN PACIFIQUE

OCÉAN ATLANTIQUE

GUYANE FRANÇAISE (FRANCE)

cabiai

Amazone

Indien d'amazonie

noix du Brésil

culture des bananes

coupe de la canne à sucre

Rio de Janeiro

B R É S I L

culture du cacao

cueillette du café

jaguar

scène de marché

PÉROU

Andes

condor

Machu Picchu

DÉSERT D'ATACAMA

BOLIVIE

pirogue

PARAGUAY

tamanoir

URUGUAY

Buenos Aires

OCÉAN ATLANTIQUE

gaucho

ARGENTINE

Andes

moutons

otaries à fourrure

manchots

ÎLES FALKLAND (G.-B.)

Terre de Feu

CHILI

## La forêt vierge amazonienne
Le fleuve Amazone coule à travers une immense forêt vierge. Ces forêts, quasiment impénétrables poussent dans les pays chauds où il pleut beaucoup. On y trouve de nombreuses sortes d'oiseaux, d'animaux et de plantes.

Vers la Grande-Bretagne

## Un site historique
Le Machu Picchu, au Pérou, est un site archéologique où l'on peut voir les ruines d'une très vieille ville. Ces vestiges nous apprennent beaucoup de choses sur la vie des Incas, les habitants qui étaient installés là il y a des centaines d'années. Peux-tu trouver le Machu Picchu sur la carte ?

## Les habitants du Pérou
Au Pérou, beaucoup de gens habitent dans des villages de montagne situés dans les Andes. Les fermiers cultivent du maïs, des pommes de terre et des haricots. Avec la laine des animaux, les femmes tissent des vêtements colorés qu'elles vendent sur les petits marchés.

**Les lamas**
Les lamas servent à transporter les marchandises le long des étroites routes de montagne.

## Carnet de route
En suivant l'itinéraire qui relie Mexico, au Mexique, à Rio de Janeiro, au Brésil, combien de pays traverserais-tu en chemin ?

• Mexico    4 jours en voiture    10 heures en avion    • Rio de Janeiro

25

# L'Europe du Nord

Le Danemark, la Norvège et la Suède forment la région que l'on appelle la Scandinavie. La Finlande borde la mer Baltique et l'Islande se trouve dans l'océan Atlantique. Dans ces pays, il y a beaucoup de lacs, de forêts et de montagnes et, durant les mois d'hiver, le sol est couvert de neige.

Le Royaume Uni (R.U.) réunit l'Angleterre, l'Irlande du Nord, l'Écosse et le pays de Galles. L'Europe possède d'importantes ressources naturelles, comme le pétrole et le gaz de la mer du Nord, le bois des forêts et le poisson des mers environnantes.

## Londres

Londres est la capitale du Royaume-Uni. Pour faire les lois, le gouvernement britannique se réunit dans les maisons du Parlement. Ces bâtiments font partie du palais de Westminster, où se trouve le célèbre clocher de Big Ben.

Big Ben

## L'Islande

On dit souvent que l'Islande est le pays de la glace et du feu. Cette île froide balayée par les vents est couverte d'énormes couches de glace, les glaciers. On y trouve également de nombreux volcans.

Des sources d'eau bouillonnante, les geysers, jaillissent du sol.

Reykjavik · ISLANDE
geyser · volcan
glacier
bateau de pêche

ÎLES FÉROÉ (DANEMARK)

OCÉAN ATLANTIQUE

pétrole et gaz naturel

maquereaux

ÉCOSSE
château d'Édimbourg
IRLANDE DU NORD · ROYAUME UNI · Édimbourg
· Belfast
RÉPUBLIQUE D'IRLANDE
· Dublin
moutons
MER DU
extraction de la tourbe
PAYS DE GALLES · ANGLETERRE · cricket
· Cardiff
phare
· Plymouth · Londres
MANCHE
FRANCE

## Carnet de route

Si tu effectuais le trajet de Plymouth, en Angleterre, à Édimbourg, en Écosse, que verrais-tu en chemin ?

● Plymouth  10 heures en voiture  1 heure en avion  ● Édimbourg

OCÉAN ARCTIQUE

**La côte de la Norvège**
est découpée par de longues criques bordées de falaises abruptes. Ce sont des fjords. Ils ont été creusés par la glace il y a des milliers d'années.

Tromsø

famille de Sâmés

lynx

loup

**Les rennes**
Le renne est une sorte de grand cerf qui vit dans les régions froides. Le peuple sâmé élève de grands troupeaux de rennes et utilise leur fourrure pour faire des vêtements. Vois-tu des Sâmés sur la carte ?

aigle

SUÈDE

GOLFE DE BOTNIE

FINLANDE

papeterie

barrage hydro-électrique

phoques

Helsinki

Bergen

Tallinn

scierie

Oslo

Stockholm

église en bois debout

Lac Vänern

ESTONIE

**MER BALTIQUE**

SKAGERRAK

KATTEGAT

souffleur de verre

Riga

LETTONIE

maisons de Riga

élevage de cochons

LITUANIE

DANEMARK

Copenhague

bateau de pêche

Vilnius

**L'industrie du bois**
Dans les forêts froides de Suède, de Norvège et de Finlande poussent des pins et des sapins. Ils fournissent le bois qui sert à fabriquer du papier.

NORD

POLOGNE

**Carnet de route**
En suivant l'itinéraire qui va de Tromsø, en Norvège, à Riga, en Lettonie, combien de pays traverserais-tu en chemin ?

**Les pommes de pin**
Le fruit du pin est un cône formé d'écailles en bois dur.

● Tromsø    1 jour en voiture    2 heures 1/4 en avion    ● Riga

Vers les Pays-Bas

27

# L'Europe centrale

Les pays d'Europe centrale sont relativement plats. La plupart des grandes villes et des industries sont concentrées au nord. Plus à l'est, en Pologne et en Hongrie, la terre est utilisée pour les cultures, l'élevage et les mines de charbon. Plusieurs longs fleuves coulent à travers l'Europe. On les utilise pour transporter les marchandises d'un endroit à un autre. Au sud se dressent de hautes montagnes aux sommets enneigés, ce sont les Alpes. Elles s'étirent de la France à l'Autriche, en passant par l'Italie et la Suisse.

MER DU NORD

promenade en bateau sur les canaux

Amsterdam

PAYS-BAS

Bruxelles

BELGIQUE

fabrication de chocolats

Luxembourg

LUXEMBOURG

vente de saucisses

Berlin

porte de Brandebourg

Rhin

fabrication de voitures

Francfort

cerf

ALLEMAGNE

cigognes

château de Neuschwanstein

Munich

FRANCE

SUISSE

Berne

Alpes

AUTRICHE

LIECHTENSTEIN

ITALIE

N O E S

Cervin

## Les fleurs des Alpes

Très haut dans les montagnes, de petites fleurs poussent entre les rochers ou au ras du sol. Ainsi, elles restent à l'abri des vents froids.

gentiane bleue

millepertuis

## Les Alpes

Les paysages des Alpes sont splendides avec leurs forêts, leurs lacs et leurs rivières. Beaucoup de gens se rendent à la montagne pour faire du ski. Des télécabines les emmènent en haut des pentes couvertes de neige. Peux-tu trouver d'autres montagnes sur la carte ?

MER BALTIQUE

FÉDÉRATION DE RUSSIE

LITUANIE

BIÉLORUSSIE

Gdansk

moulin à vent en bois

bison d'Europe

POLOGNE

Oder

mine de charbon

Varsovie

Vistule

culture de la betterave à sucre

moutons

UKRAINE

Elbe

Prague

RÉPUBLIQUE TCHÈQUE

cathédrale Saint-Guy

chaîne des Carpates

SLOVAQUIE

Vienne

Bratislava

Danube

Budapest

Parlement

ROUMANIE

Alpes

lipizzan

HONGRIE

marché de rue

SLOVÉNIE

CROATIE

EX YOUGOSLAVIE

## La construction navale

La construction navale est une industrie importante en Pologne. Les bateaux sont construits en acier. L'acier est fabriqué à partir du charbon et du fer qui sont extraits dans les mines polonaises. Sur la côte de la mer Baltique, les ports accueillent les bateaux. Vois-tu le port de Gdansk sur la carte ?

### Les moulins à vent

Un moulin à vent est actionné par la force du vent, qui fait tourner quatre grandes ailes. Peux-tu trouver un moulin à vent sur la carte ?

### Les tulipes hollandaises

Les champs plats des Pays-Bas sont utilisés pour les cultures. Les fermiers hollandais cultivent des fleurs, comme les tulipes. Les moulins à vent pompent l'eau nécessaire pour arroser les champs.

## Carnet de route

Suis l'itinéraire depuis Amsterdam, aux Pays-Bas, jusqu'à Budapest, en Hongrie. Que peux-tu voir dans les différents pays que tu traverses ?

● Amsterdam    20 heures en voiture    2 heures en avion    ● Budapest

Vers le Portugal

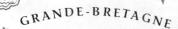

# L'Europe méridionale

Les pays situés au sud de l'Europe possèdent de nombreuses villes historiques où l'on peut visiter des monuments célèbres. Ils disposent aussi d'importantes industries comme les aciéries et les usines automobiles. Dans ces pays chauds et secs, le climat est idéal pour cultiver les oranges, les tomates, les olives et la vigne.

**GRANDE-BRETAGNE**

MANCHE

Tour Eiffel

Paris

FRANCE

GOLFE DE GASCOGNE

N  O  E  S

vignoble

ours brun

Bilbao

chevaux de Camargue

Ebre

ANDORRE

### Le littoral

Dans le Sud de l'Europe, la plupart des pays sont bordés par la mer. En Espagne et au Portugal, beaucoup de gens vivent de la pêche. Les touristes viennent également dans ces pays pour profiter des plages ensoleillées. Vois-tu des touristes sur l'île grecque de la Crète ?

Tour de Belém

PORTUGAL

palais royal

Madrid

ESPAGNE

Barcelone

yacht

MINORC

Lisbonne

danseurs de flamenco

Séville

cueillette des oranges

Valence

MAJORQUE

IBIZA

MER MÉDITERRA

homard

### Les sports nautiques

Dans les eaux chaudes de la mer Méditerranée, les sports nautiques comme la planche à voile sont très populaires. Les gens aiment aussi beaucoup naviguer le long de la côte et faire le tour des îles en voilier.

## Carnet de route

Si tu traversais l'Europe depuis Lisbonne, au Portugal, jusqu'à Athènes, en Grèce, combien de pays pourrais-tu visiter en chemin ?

● Lisbonne   2 jours 1/4 en voiture   5 heures 1/2 en avion   ● Athènes

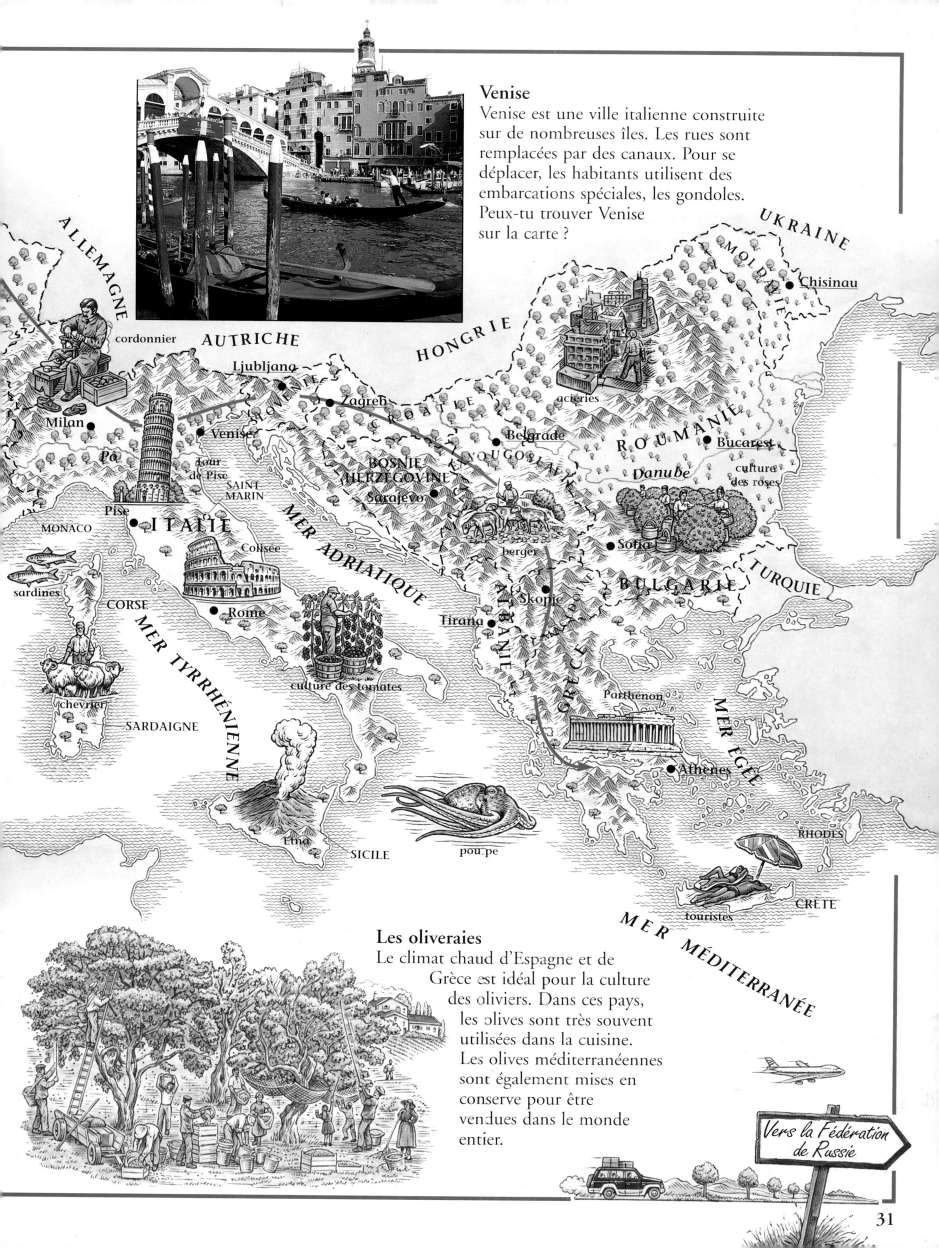

**Venise**
Venise est une ville italienne construite sur de nombreuses îles. Les rues sont remplacées par des canaux. Pour se déplacer, les habitants utilisent des embarcations spéciales, les gondoles. Peux-tu trouver Venise sur la carte ?

ALLEMAGNE

UKRAINE

MOLDAVIE

Chisinau

cordonnier

AUTRICHE

HONGRIE

aciéries

Ljubljana

Zagreb

SLOVENIE

CROATIE

Milan

Venise

Po

Tour
de Pise

ROUMANIE

Belgrade

Bucarest

YOUGOSLAVIE

Danube

culture
des roses

SAINT
MARIN

BOSNIE
HERZEGOVINE

Pise

ITALIE

Sarajevo

MONACO

Colisée

Sofia

sardines

MER ADRIATIQUE

berger

BULGARIE

CORSE

Rome

Skopje

MACEDOINE

TURQUIE

MER TYRRHÉNIENNE

Tirana

ALBANIE

chevrier

culture des tomates

GRECE

Parthénon

MER EGEE

SARDAIGNE

Athènes

RHODES

Etna

SICILE

pou pe

CRETE

touristes

MER MÉDITERRANÉE

**Les oliveraies**
Le climat chaud d'Espagne et de Grèce est idéal pour la culture des oliviers. Dans ces pays, les olives sont très souvent utilisées dans la cuisine. Les olives méditerranéennes sont également mises en conserve pour être vendues dans le monde entier.

Vers la Fédération
de Russie

# L'Eurasie du Nord

L'Eurasie du Nord englobe une partie de l'Europe et une partie de l'Asie. Cette région compte onze pays, dont la Fédération de Russie, qui est le plus grand pays du monde. Les terres sont largement recouvertes de forêts, de montagnes et de lacs. Au nord, en Sibérie, il fait très froid.
Les régions du sud-ouest sont beaucoup plus chaudes.
En Eurasie du Nord, on trouve du pétrole, du charbon et du bois.

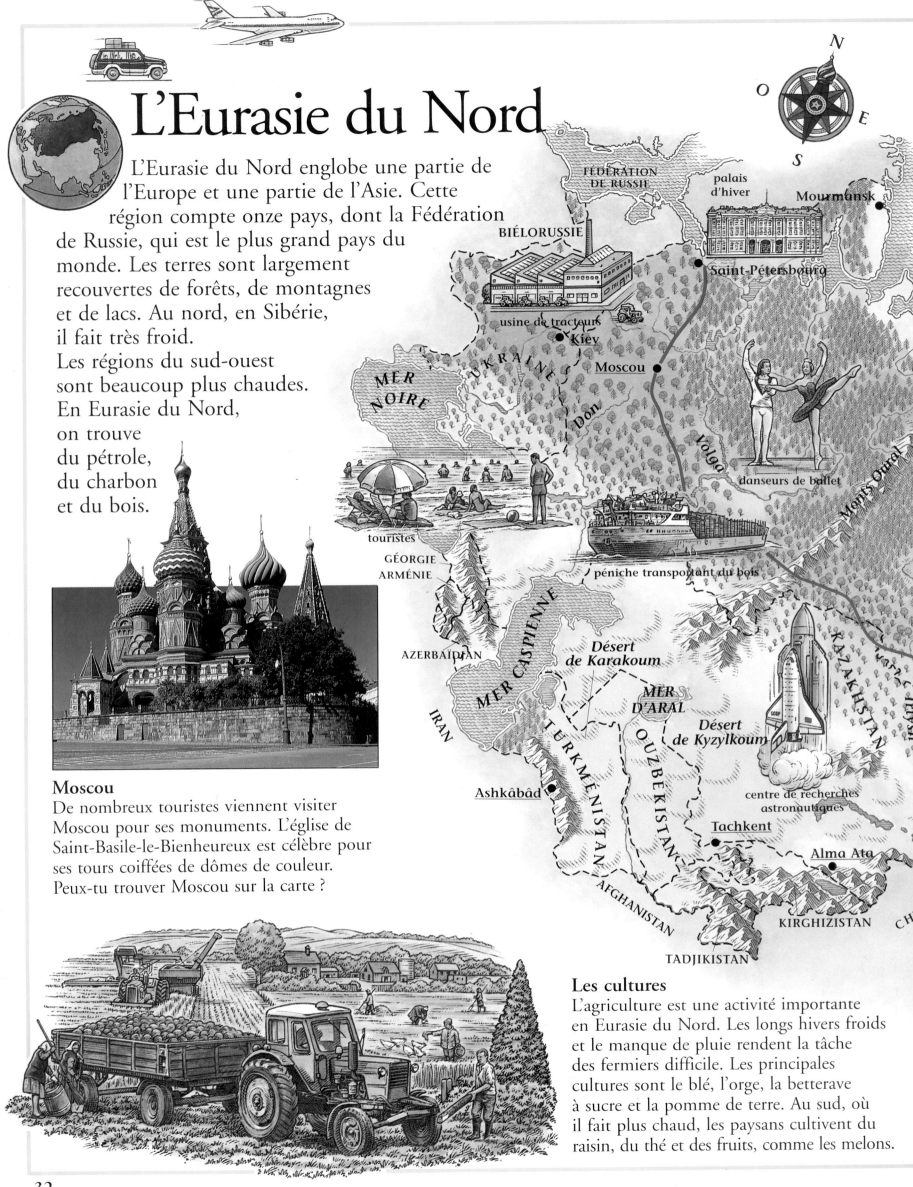

FÉDÉRATION DE RUSSIE
palais d'hiver
Mourmansk
BIÉLORUSSIE
Saint-Pétersbourg
usine de tracteurs
Kiev
UKRAINE
Moscou
MER NOIRE
Don
Volga
danseurs de ballet
Monts Oural
touristes
GÉORGIE
ARMÉNIE
péniche transportant du bois
AZERBAÏDJAN
MER CASPIENNE
IRAN
TURKMÉNISTAN
Désert de Karakoum
MER D'ARAL
Désert de Kyzylkoum
KAZAKHSTAN
Irtych
OUZBEKISTAN
centre de recherches astronautiques
Ashkâbâd
Tachkent
Alma Ata
AFGHANISTAN
KIRGHIZISTAN
CHI
TADJIKISTAN

## Moscou
De nombreux touristes viennent visiter Moscou pour ses monuments. L'église de Saint-Basile-le-Bienheureux est célèbre pour ses tours coiffées de dômes de couleur. Peux-tu trouver Moscou sur la carte ?

## Les cultures
L'agriculture est une activité importante en Eurasie du Nord. Les longs hivers froids et le manque de pluie rendent la tâche des fermiers difficile. Les principales cultures sont le blé, l'orge, la betterave à sucre et la pomme de terre. Au sud, où il fait plus chaud, les paysans cultivent du raisin, du thé et des fruits, comme les melons.

**Les gisements de houille**

Il existe de grands gisements de houille en Ukraine, au Kazakhstan et dans l'Est de la Sibérie. Une grande partie du charbon sert à alimenter les centrales électriques, mais il fournit aussi le combustible nécessaire aux usines. Quels types d'usines peux-tu voir sur la carte ?

brise-glace

ARCHIPEL FRANÇOIS-JOSEPH

NOUVELLE-ZEMBLE

TERRE DU NORD

OCÉAN ARCTIQUE

NOUVELLE SIBÉRIE

DÉTROIT DE BERING

baleines grises

MER DE BERING

maison en bois (dacha)

gardien de troupeau de rennes

papeterie

Kolyma

once

derricks

Lena

SIBÉRIE

volcan du Kamchatka

FÉDÉRATION DE RUSSIE

bateau de pêche

conditionnement du poisson

Transsibérien

Irkutsk

Lac Baïkal

Monts Altaï

MONGOLIE

CHINE

KOURILES

Vladivostok

**Carnet de route**

En suivant l'itinéraire qui traverse la Fédération de Russie depuis Saint-Pétersbourg jusqu'à Vladivostok, que verrais-tu en chemin ?

● Saint-Pétersbourg    4 jours 1/3 en voiture    10 heures 1/2 en avion    ● Vladivostok

Vers la Turquie

33

# L'Asie occidentale et méridionale

Les déserts chauds d'Arabie Saoudite et les riches gisements pétroliers situés autour du golfe Persique sont typiques de l'Asie occidentale. Cette région est aussi connue sous le nom de Moyen-Orient. Près d'un quart des habitants de la Terre vivent dans le Sud de l'Asie. Beaucoup sont des fermiers. La plus importante culture est le riz. Le Pakistan et l'Inde sont les pays les plus industriels de l'Asie méridionale.

melons

figues

dattes

## La culture des fruits
Les pays du Moyen-Orient ont un climat chaud et sec qui favorise la culture des fruits comme les figues, les melons, les dattes et les grenades.

grenades

mosquée bleue

Istanbul

Mer Noire

Mer Caspienne

TURQUIE

Ephèse

CHYPRE

cèdre

LIBAN

ISRAEL

SYRIE

statues anciennes

Tigre

Euphrate

JORDANIE

IRAQ

chevrier

Jérusalem

Dôme du Rocher

ÉGYPTE

ARABIE SAOUDITE

maison en roseau

Apah

puits de pétrole

KUWEIT

MER ROUGE

récif de corail

Grande Mosquée La Mecque

GOLFE PERSIQUE

BAHREIN

QATAR

Abu Dhabi

ÉMIRATS ARABES UNIS

dunes

chargement de chameau

oryx

boutre

YÉMEN

## Le forage du pétrole
Les plus grands gisements pétroliers du monde sont très profondément enfouis sous les déserts qui entourent le golfe Persique. Lorsqu'il est transformé en combustible, le pétrole sert à alimenter les voitures et les avions. Peux-tu trouver un puits de pétrole sur la carte ?

**Les éléphants d'Asie** sont utilisés pour les travaux pénibles.

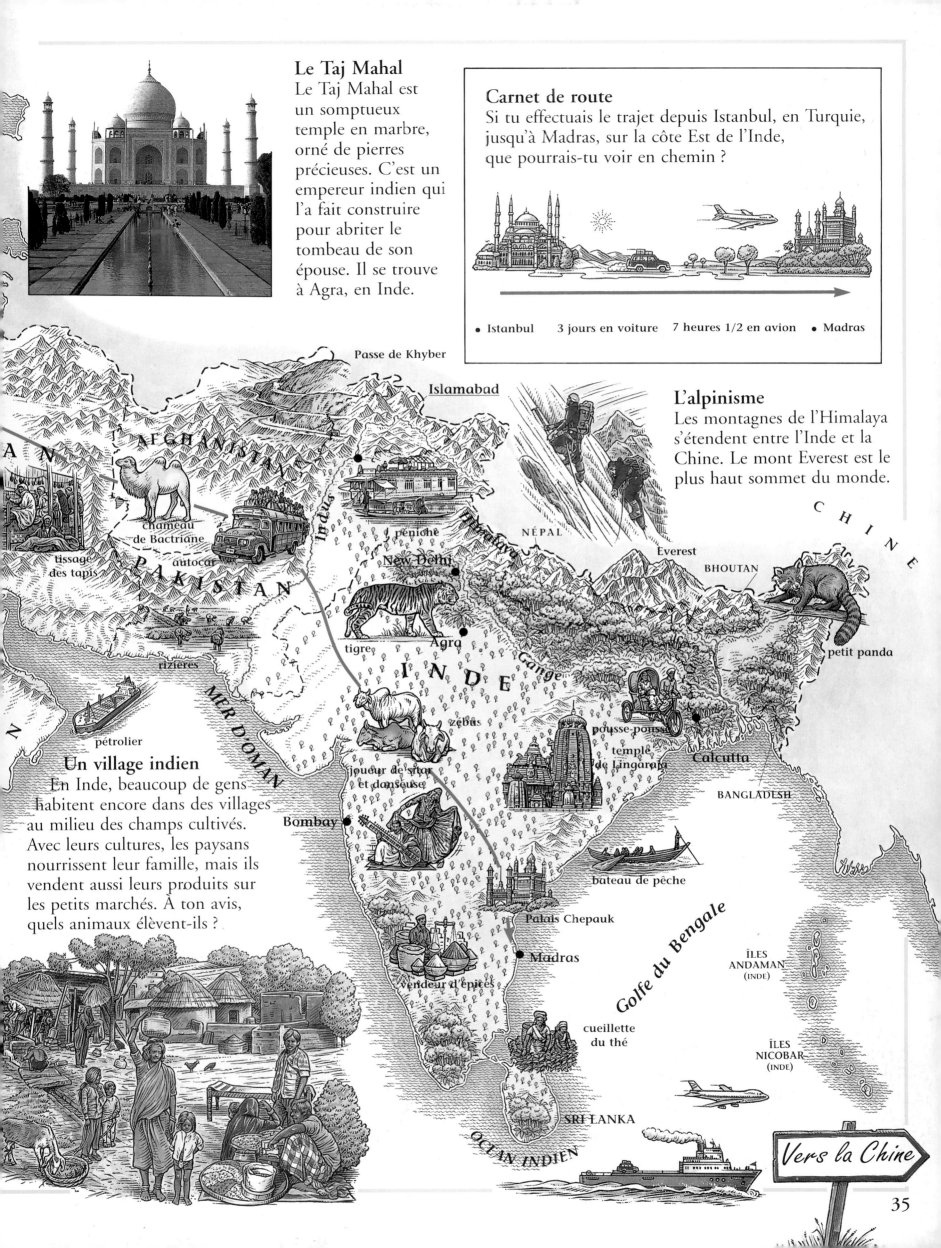

## Le Taj Mahal

Le Taj Mahal est un somptueux temple en marbre, orné de pierres précieuses. C'est un empereur indien qui l'a fait construire pour abriter le tombeau de son épouse. Il se trouve à Agra, en Inde.

### Carnet de route

Si tu effectuais le trajet depuis Istanbul, en Turquie, jusqu'à Madras, sur la côte Est de l'Inde, que pourrais-tu voir en chemin ?

● Istanbul    3 jours en voiture    7 heures 1/2 en avion    ● Madras

## L'alpinisme

Les montagnes de l'Himalaya s'étendent entre l'Inde et la Chine. Le mont Everest est le plus haut sommet du monde.

## Un village indien

En Inde, beaucoup de gens habitent encore dans des villages au milieu des champs cultivés. Avec leurs cultures, les paysans nourrissent leur famille, mais ils vendent aussi leurs produits sur les petits marchés. À ton avis, quels animaux élèvent-ils ?

Passe de Khyber

Islamabad

AFGHANISTAN

chameau de Bactriane

tissage des tapis

autocar

péniche

PAKISTAN

NÉPAL

Everest

CHINE

BHOUTAN

New Delhi

Indus

Himalaya

riziéres

tigre

Agra

Gange

INDE

petit panda

pétrolier

MER D'OMAN

zébus

pousse-pousse

temple de Lingaraja

Calcutta

BANGLADESH

joueur de sitar et danseuse

Bombay

bateau de pêche

Palais Chepauk

Golfe du Bengale

ÎLES ANDAMAN (INDE)

vendeur d'épices

● Madras

cueillette du thé

ÎLES NICOBAR (INDE)

SRI LANKA

OCÉAN INDIEN

Vers la Chine

# L'Asie orientale

Les pays de l'Asie orientale couvrent une grande partie du continent et de nombreuses îles. La Chine est le plus grand pays, on y trouve des déserts ainsi que de hautes montagnes dans la région du Tibet. La plupart des gens vivent à l'est, où la terre est bonne pour la culture du thé, du riz et du blé. Dans les pays situés plus au sud, le climat est plus chaud. Les paysans cultivent des arbres à caoutchouc, ou hévéas, du tabac et des ananas.

mosquée

chameau de Bactriane

Kashgar

FÉDÉRATION MONGOLIE

Désert de Taklamakân

Grande Muraille de Chine

K2

TIBET

Ch'ung-ch'ing

Himalaya

vautour barbu

INDE

armée en terre cuite

GOLFE DU BENGALE

BIRMANIE

LAOS

THAÏLANDE

CAMBODGE

marché flottant

MER DE CHINE MÉRIDIONALE

SUMATRA

FÉDÉRATION DE MAL

SINGAPOUR

hévéas

IN

Djakarta

## La culture du riz

Dans les pays comme la Thaïlande et la Malaisie, le riz est une culture très importante. Grâce au climat chaud et aux fortes pluies qui tombent durant la mousson, il pousse très bien dans ces régions. Les fermiers utilisent des terrains plats, mais aussi des champs qui forment des terrasses sur les flancs des collines. Peux-tu trouver la Thaïlande sur la carte ?

### Carnet de route
Suis l'itinéraire depuis Kashgar, en Chine, jusqu'à Hong Kong. Quels sites intéressants peux-tu visiter en chemin ?

- Kashgar   3 jours 1/4 en voiture   8 heures en avion   • Hong Kong

## Les rues de Chine
En Chine, les habitants sont beaucoup plus nombreux que dans tous les autres pays du monde. Dans les villes, beaucoup de gens se déplacent à vélo.

DE RUSSIE

recherche de fossiles

tigre

Désert de Gobi

Fleuve Jaune

cueillette du thé

CORÉE
DU NORD

Pékin
(Beijing)

Séoul

CORÉE
DU SUD

CHINE

Yang Tsé-Kiang

Shanghai

MER DE CHINE ORIENTALE

JAPON

MER DE CHINE MÉRIDIONALE

TAIWAN

Hong Kong (G.-B.)

MACAO
(PORTUGAL)

HAINAN

PHILIPPINES

Manille

LUZON

pétrolier

MINDANAO

BRUNEI

ION
YSIA

ORNEO

orang-outan

CELEBES

MOLUQUES

DONÉSIE

MER DE BANDA

IRIAN BARAT
(INDONÉSIE)

JAVA

BALI

TIMOR

AUSTRALIE

## Le Japon

Le Japon est formé de centaines d'îles. Les quatre principales sont Honshu, Hokkaido, Kyushu et Shikoku. Les montagnes et les bois couvrent une grande partie du pays. La plupart des gens habitent sur les côtes ou dans les grandes villes comme Tokyo. Sur l'île de Honshu se dresse le célèbre volcan du Fuji-Yama. Peux-tu le trouver sur la carte ?

grues

HOKKAIDO

## Tokyo

Tokyo est la capitale du Japon. De nombreux Japonais travaillent dans les usines où l'on fabrique des voitures, des appareils-photo et des objets électroniques. À Tokyo, on peut se promener et se détendre dans de magnifiques jardins.

JAPON

HONSHU

Fuji-Yama

temple
shintoïste

Tokyo

SHIKOKU

tortue à
grosse tête

KYUSHU

## La pêche

Les Japonais mangent beaucoup de poisson. Le Japon pêche plus de poisson que tous les autres pays et possède la plus grande flotte de bateaux de pêche du monde.

## Les pandas

Les pandas géants vivent dans les montagnes du centre de la Chine, où il fait frais. Ils se nourrissent de pousses de bambou.

Quels autres animaux peux-tu trouver en Asie orientale ?

PAPOUASIE-NOUVELLE-GUINÉE

*Vers l'Algérie*

37

# L'Afrique

L'Afrique est un immense continent chaud. On y trouve le plus grand désert du monde, le Sahara. La plupart des Africains sont des paysans et les produits qu'ils cultivent sont exportés dans le monde entier. Beaucoup de gens vivent et travaillent dans les villes surpeuplées. Le relief est très varié en Afrique : déserts, savanes et forêts vierges. Il existe de nombreuses sortes d'oiseaux et d'animaux.

### L'eau dans le désert
Dans le désert, on peut trouver de l'eau dans les oasis. Peux-tu voir une oasis sur la carte ?

### Les perruches
La perruche est l'un des nombreux oiseaux qui peuplent la forêt vierge.

### La vie au bord des fleuves
Les habitants de la forêt vierge construisent leur maison sur des pilotis, le long des fleuves où ils vivent. Peux-tu trouver le fleuve Congo sur la carte ?

or

diamant

### Les richesses souterraines
L'Afrique du Sud possède de nombreuses mines d'or et de diamant. La plupart des diamants qui servent à fabriquer des bijoux proviennent de ce pays.

### Carnet de route
En suivant l'itinéraire à travers l'Afrique, depuis Alger, en Algérie, jusqu'au Cap, en Afrique du Sud, que verrais-tu en chemin ?

• Alger   4 jours en voiture   10 heures en avion   • Le Cap

MER MÉDITERRANÉE

Canal de Suez

Le Caire

LIBYE

pyramides

ÉGYPTE

oasis

TCHAD

autruche

hippopotame

SOUDAN

crocodile

RÉPUBLIQUE CENTRAFRICAINE

Congo

gorille

ZAÏRE

OUGANDA

RUANDA

BURUNDI

Lac Victoria

Mont Kenya

ÉTHIOPIE

Vallée du Rift

chevriers

KENYA

SOMALIE

ÉRYTHRÉE

DJIBOUTI

MER ROUGE

ARABIE SAOUDITE

pélican

ANGOLA

éléphants

danseur masqué

ZAMBIE

zèbre

BOTSWANA

Chutes Victoria

ZIMBABWE

maison ndébélé

NAMIBIE

springbok

Zambèze

Kilimandjaro

TANZANIE

MALAWI

girafe

MOZAMBIQUE

Mombasa

OCÉAN INDIEN

MADAGASCAR

maki

caméléon

SWAZILAND

AFRIQUE DU SUD

LESOTHO

Le Cap

### Les animaux de la savane

Les touristes viennent du monde entier pour voir les animaux protégés qui vivent dans les réserves naturelles d'Afrique. Peux-tu citer le nom d'animaux vivant dans la savane ?

### Le lion

Les lions chassent les zèbres et les gnous qui vivent dans la savane.

### Mombasa

Mombasa est une grande ville moderne sur la côte du Kenya. Des milliers de personnes travaillent dans ses usines, ses bureaux et ses magasins. Les immenses défenses d'éléphant qui ornent l'entrée de la ville sont en métal.

Vers l'Australie

# L'Océanie

L'Océanie est formée d'une multitude d'îles de tailles très diverses. L'Australie est la plus grande de ces îles. Les premiers habitants étaient les Aborigènes. Bien que l'Australie soit un grand pays, il n'est pas très peuplé à cause de ses immenses déserts arides.

La plupart des gens vivent dans les villes près de la côte, où il fait plus frais.

INDONÉSIE

MER D'ARAFURA

Darwin

GOLFE DE CARPENTARIE

danseurs aborigènes

TERRITOIRE DU NORD

kangourous

médecin volant

emballage des pêch

OCÉAN INDIEN

iguane australien

AUSTRALIE OCCIDENTALE

Désert de Gibson

Ayers Rock (Uluru)

A U S T R A L I E

Désert de Simpson

koalas

AUSTRALIE MÉRIDIONALE

Indian Pacific

Perth

grand requin blanc

Adélaïde

Darling

NOUVELL

Murra

VICTORIA
Melbourne

TASMANI

Hobart

## L'élevage des moutons

Les plaines du centre de l'Australie forment l'arrière-pays. Dans ces régions sèches, on élève des moutons dans d'immenses ranchs.

Les fermiers tondent la laine des moutons pour la vendre à d'autres pays. Quels autres animaux peux-tu voir sur la carte ?

## Carnet de route

Suis l'itinéraire qui traverse l'Australie depuis Perth jusqu'à Sydney. Que peux-tu voir en chemin ?

● Perth   2 jours 1/4 en voiture   5 heures 1/2 en avion   ● Sydney

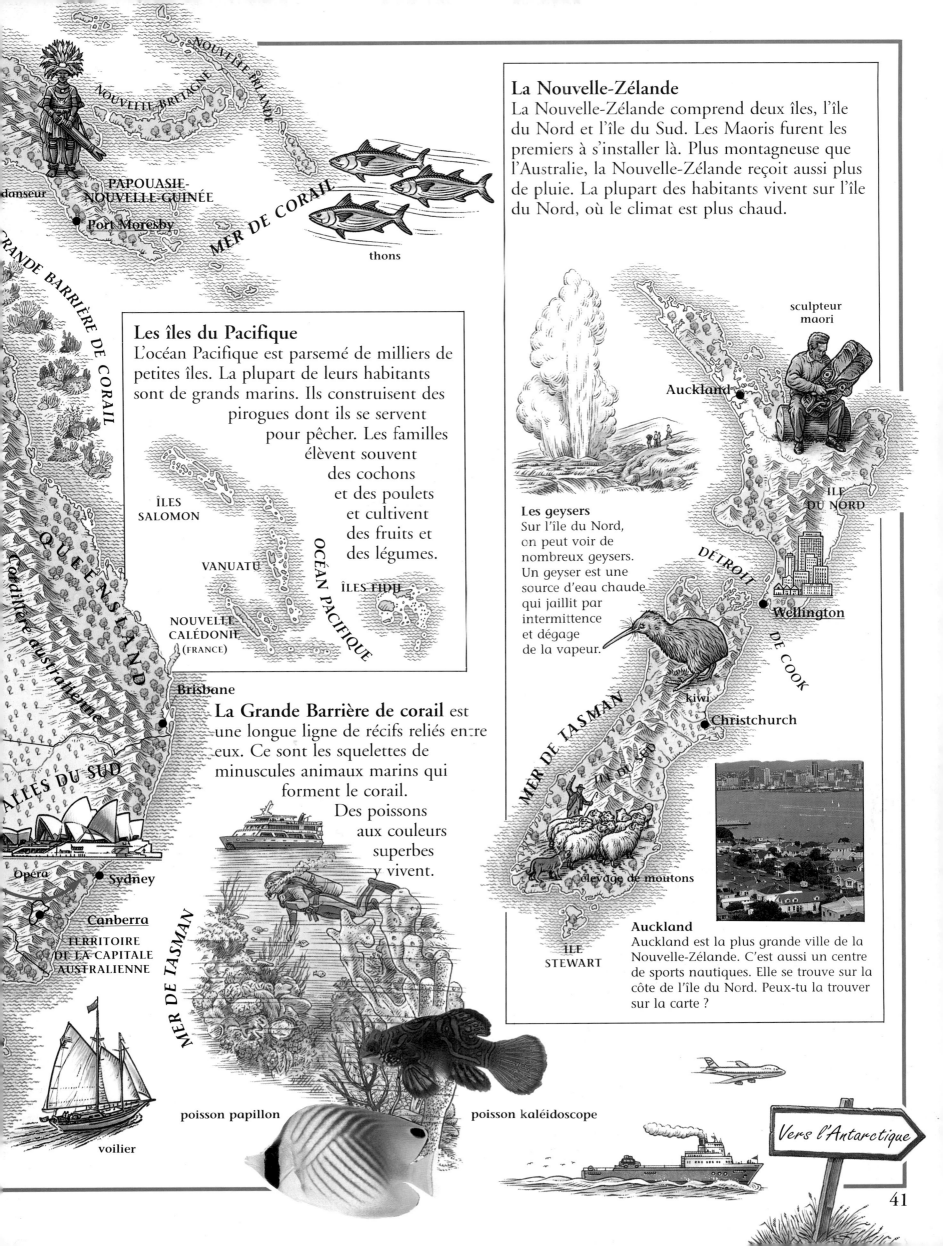

**danseur**

## PAPOUASIE-NOUVELLE-GUINÉE
● Port Moresby

**MER DE CORAIL**

thons

### La Nouvelle-Zélande
La Nouvelle-Zélande comprend deux îles, l'île du Nord et l'île du Sud. Les Maoris furent les premiers à s'installer là. Plus montagneuse que l'Australie, la Nouvelle-Zélande reçoit aussi plus de pluie. La plupart des habitants vivent sur l'île du Nord, où le climat est plus chaud.

sculpteur maori

Auckland ●

ÎLE DU NORD

### Les îles du Pacifique
L'océan Pacifique est parsemé de milliers de petites îles. La plupart de leurs habitants sont de grands marins. Ils construisent des pirogues dont ils se servent pour pêcher. Les familles élèvent souvent des cochons et des poulets et cultivent des fruits et des légumes.

ÎLES SALOMON

VANUATU

NOUVELLE CALÉDONIE (FRANCE)

ÎLES FIDJI

OCÉAN PACIFIQUE

### Les geysers
Sur l'île du Nord, on peut voir de nombreux geysers. Un geyser est une source d'eau chaude qui jaillit par intermittence et dégage de la vapeur.

DÉTROIT DE COOK

Wellington ●

GRANDE BARRIÈRE DE CORAIL

QUEENSLAND

Cordillère australienne

Brisbane ●

### La Grande Barrière de corail est
une longue ligne de récifs reliés entre eux. Ce sont les squelettes de minuscules animaux marins qui forment le corail.
Des poissons aux couleurs superbes y vivent.

kiwi

Christchurch ●

MER DE TASMAN

ÎLE DU SUD

élevage de moutons

ALES DU SUD

Opéra

Sydney ●

Canberra

TERRITOIRE DE LA CAPITALE AUSTRALIENNE

MER DE TASMAN

ÎLE STEWART

### Auckland
Auckland est la plus grande ville de la Nouvelle-Zélande. C'est aussi un centre de sports nautiques. Elle se trouve sur la côte de l'île du Nord. Peux-tu la trouver sur la carte ?

voilier

poisson papillon

poisson kaléidoscope

Vers l'Antarctique

# Les merveilles de notre monde

Notre monde recèle des merveilles.
Tu trouveras ici quelques chiffres records impressionnants.
Peux-tu retrouver dans ton atlas les différents endroits cités ?

### La cascade la plus haute
979 m

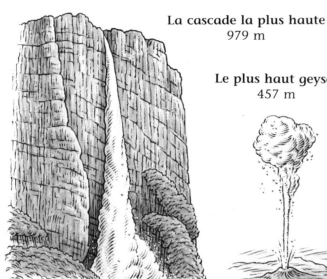

### Le plus haut geyser
457 m

### L'immeuble le plus haut
443 m

La cascade du Saut de l'Ange,
au Venezuela, est deux fois
plus haute que le plus grand
immeuble du monde.

En Nouvelle-Zélande,
il existait un geyser qui
jaillissait plus haut que
le plus grand immeuble
du monde.

Le plus haut bâtiment
du monde est la
Sears Tower de Chicago,
aux États-Unis.

### La ville la plus peuplée

Plus de 18 millions de personnes vivent
à Mexico, c'est plus que le nombre
d'habitants de toute l'Australie.

### Les plantes et les animaux
### les plus nombreux

Plus de la moitié de toutes les espèces
de plantes et d'animaux vivent dans
les forêts vierges. Ces espèces sont
menacées par la destruction des forêts.

### L'endroit le plus
### ensoleillé

C'est dans le désert du Sahara,
en Afrique du Nord,
que le soleil brille le plus.

### L'endroit le plus pluvieux

Il pleut pendant 350 jours
par an sur le mont Waialeale,
dans les îles hawaïennes.

### L'endroit le plus froid (– 89 °C)

Il fait si froid à Vostok, dans
l'Antarctique, que
la peau nue peut geler en
quelques secondes.

### L'endroit le plus aride

Dans certaines parties du désert
d'Atacama, au Chili, il n'a pas
plu depuis plus de 400 ans.

# Glossaire

### Agriculture
Travail des paysans qui cultivent la terre et élèvent des animaux pour nourrir les gens ou produire des marchandises comme la laine, le café, les céréales ou le tabac. *(page 32)*

### Canal
Voie navigable creusée dans la terre permettant aux bateaux de transporter les marchandises d'un endroit à un autre. *(pages 24, 25)*

### Capitale
Ville la plus importante d'un pays. C'est dans cette ville que se trouve le gouvernement du pays. *(pages 13, 17, 19, 22, 24, 26, 37)*

### Climat
Ce sont les différents types de temps qu'il fait au cours de l'année dans chaque partie du monde. Souvent, au temps chaud et ensoleillé succède un temps plus frais et pluvieux. *(pages 16, 18, 30, 31, 34, 36, 41)*

### Continent
Nom donné aux sept grandes étendues de terre qui couvrent la planète : l'Afrique, l'Antarctique, l'Asie, l'Océanie, l'Europe, l'Amérique du Nord et l'Amérique du Sud. *(pages 10, 11, 16, 17, 18, 24, 38, 40, 42)*

### Cultures
Ce sont les plantes que font pousser les fermiers. Les produits cultivés sont souvent vendus à d'autres pays. Chaque culture nécessite un type de sol et un climat particuliers pour bien pousser. *(pages 17, 20, 22, 24, 25, 28, 29, 31, 32, 34, 35)*

### Cyclone
Violente tempête s'accompagnant de vents très forts entraînant souvent de nombreux dégâts. *(page 24)*

### Équateur
Ligne imaginaire qui coupe notre planète en deux, à mi-distance exactement entre le pôle Nord et le pôle Sud. Les pays proches de l'Équateur sont très chauds. Dans les pays plus éloignés, il fait plus frais. *(pages 10, 11, 12, 16)*

### État
Les grands pays peuvent être divisés en plusieurs États pour des besoins administratifs. Le Nebraska et l'Iowa, par exemple, sont deux des 50 États qui forment les États-Unis d'Amérique. *(pages 22, 23)*

### Fjord
Longue baie étroite qui s'enfonce profondément à l'intérieur des côtes rocheuses de la Norvège. *(page 27)*

### Geyser
Source d'eau bouillante jaillissant très haut et par intermittence. *(pages 26, 41, 42)*

### Île
Étendue de terre entièrement entourée d'eau. Certaines îles, comme Nauru, sont très petites ; d'autres sont très grandes, comme le Groenland. *(pages 18, 19, 22, 24, 30, 31, 37, 40, 41)*

### Industrie
Les usines, les mines et les banques représentent différents types d'industrie. Certaines industries fabriquent des produits, d'autres proposent des services. *(pages 19, 23, 27, 28, 29, 30)*

### Mine
Endroit où l'on extrait du sol des ressources naturelles comme le charbon, les diamants ou le minerai de fer. *(page 29)*

### Mousson
Saison durant laquelle des vents violents et de fortes pluies s'abattent sur les pays situés en bordure du nord de l'océan Indien. *(page 36)*

### Plaines
Étendues de terre plates et découvertes sur lesquelles ne poussent que quelques arbres. Les plaines sont souvent recouvertes de prairies. *(pages 22, 23, 40)*

### Port
Ville côtière aménagée pour accueillir les bateaux qui transportent les marchandises par la mer. *(pages 24, 29)*

### Prairie
Vaste plaine dépourvue d'arbres. *(pages 16, 20, 23, 24)*

### Province
Zone particulière ou division d'un pays ou d'un État. *(page 21)*

### Relief
Forme du sol caractéristique d'un pays ou d'une région du monde. Les montagnes et les plaines représentent deux types de relief différents. *(pages 16, 38)*

### Savane
Prairie des régions sèches. *(pages 38, 39)*

### Temps
La pluie, le vent, la neige, le brouillard et le soleil sont tous des types de temps différents. Grâce aux prévisions météorologiques, on peut connaître le temps qu'il fera au cours de la journée. *(pages 16, 18)*

### Territoire
Étendue de terre appartenant à un pays ou à un État. *(pages 20, 21, 40, 41)*

### Tremblement de terre
Les tremblements de terre se produisent lorsque d'énormes blocs de roches se mettent à bouger sous la surface terrestre. Le sol peut se fissurer et faire tomber les maisons et les immeubles. *(page 22)*

### Volcan
Montagne ou colline composée de cendres et de lave. La lave est formée par des roches liquides bouillantes qui proviennent des entrailles de la Terre. Elle sort par le cratère qui se forme au sommet du volcan lorsqu'il entre en éruption. *(pages 22, 26, 37)*

# Index des pays

Cet index t'indique le numéro des pages de l'atlas sur lesquelles figurent les cartes où tu peux trouver tous les pays et les territoires qui leur appartiennent. Chaque pays est accompagné du nom de sa capitale.

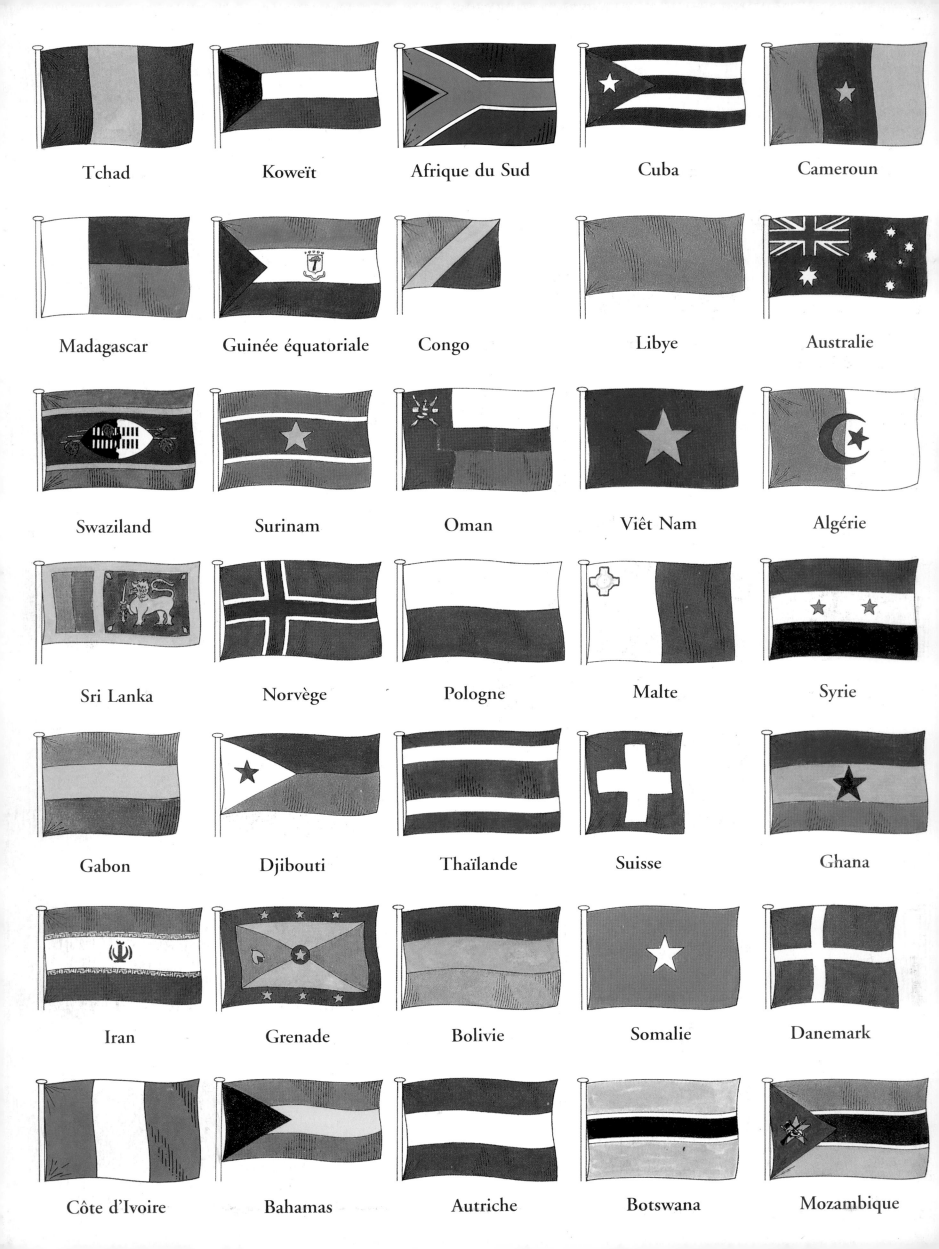

| | | | | |
|---|---|---|---|---|
| Tchad | Koweït | Afrique du Sud | Cuba | Cameroun |
| Madagascar | Guinée équatoriale | Congo | Libye | Australie |
| Swaziland | Surinam | Oman | Viêt Nam | Algérie |
| Sri Lanka | Norvège | Pologne | Malte | Syrie |
| Gabon | Djibouti | Thaïlande | Suisse | Ghana |
| Iran | Grenade | Bolivie | Somalie | Danemark |
| Côte d'Ivoire | Bahamas | Autriche | Botswana | Mozambique |